ERSTE AUSGABE - Veröffentlicht 2022

Extra Grafikmaterial von: www.freepik.com
Dank an: Alekksall, Starline, Pch.vector, Rawpixel.com, Vectorpocket, Dgim-studio, Upklyak, Macrovector, Stockgiu, Pikisuperstar & Freepik.com Designers

Kostenlose Online-Spiele Entdecken

Hier Erhältlich:

BestActivityBooks.com/FREEGAMES

5 TIPPS FÜR DEN ANFANG!

1) LÖSUNG DER RÄTSEL

Die Puzzles haben ein klassisches Format :

- Die Wörter sind ohne Abstand, Bindetrich usw… versteckt
- Richtung : vor-& rückwärts, auf & ab oder in der Diagonale (beider Richtungen)
- Die Wörter können übereinanderliegen oder sich kreuzen

2) AKTIVES LERNEN

Neben jedem Wort ist ein Abstand vorgesehen zum Aufschreiben der Übersetzung. Um ihre Kenntnisse zu überprüfen und zu erweitern befindet sich am Ende des Buches ein **WÖRTERBUCH**. Suchen sie die Übersetzungen, schreiben sie sie auf, dann können sie sie in den. Puzzles suchen und ihrem Wortschatz hinzufügen.

3) ANZEICHNUNG DER WÖRTER

Haben sie schon einmal versucht eine Anzeichnung zu verwenden? Sie könnten zum Beispiel die Wörter, die schwer zu finden sind, ankreuzen, die Wörter, die sie lieben, mit einem Stern, neue Wörter mit einem Dreieck, seltene Wörter mit einem Diamant usw … anzeichnen

4) IHR LERNEN ORGANISIEREN

Am Ende dieser Ausgabe bieten wir auch ein praktisches **NOTIZBUCH** an. Ob im Urlaub, auf Reisen oder zu Hause, sie können ihr neues Wissen ganz einfach organisieren, ohne ein zweites Notizbuch zu benötigen!

5) SIND SIE AM SCHLUSS ?

Gehen sie zum Bonusbereich : **MONSTER-HERAUSFÖRDERUNG,** um ein kostenloses Spiel zu finden, das am Ende dieser Ausgabe angeboten wird !

Lust auf mehr Spaß und Lernaktivitäten? **Schnell und einfach :** eine ganze Spielbuchsammlung mit einem einzigen Klick erhaltbar :

Mit diesem Link finden sie ihre nächste Herausforderung :

BestActivityBooks.com/MeineNachsteWortsuche

Achtung, fertig, ... Los !!

Wussten sie, dass es auf der Welt ungefähr 7.000 verschiedene Sprachen gibt ? Wörter sind kostbar.

Wie lieben Sprachen und haben schwer daran gearbeitet, die Bücher von höchster Qualität für sie zu entwerfen. Unsere Zutaten ?

Eine Auswahl von angepassten Lernthemen, drei große Scheiben Spaß, dann fügen wir einen Löffel schwieriger Wörter und eine Prise seltener Wörter hinzu. Wir servieren sie mit Sorgfalt und ein Maximum an Freude, damit sie die besten Wortspiele lösen und Spaß am Lernen haben.

Ihre Meinung ist wichtig. Sie können aktiv zum Erfolg dieses Buches beitragen, indem sie uns eine Bemerkung hinterlassen. Sagen sie uns, was ihnen an dieser Ausgabe am besten gefallen hat !!

Hier ist ein kurzer Link, der sie zu ihrer Bewertungsseite führt

BestBooksActivity.com/Rezension50

Vielen Dank für ihre Hilfe und viel Spaß

Linguas Classics

1 - Ozean

```
K H O B D D C U C B Z W F B
I A S O T E O S K P Q U U P
L T T J H V L K W O K K P R
P U E K S B M F R I U T T A
I N R V A L A S I E N I M P
K F I M Y R S K Y I J L A U
O I G A O H A O A O N P N Q
N S Z G N Y G V E N E I E B
N K U J Q K Z Y U K Y B T M
A K A L A A E Z H T N E V H
C Q H A I K O R A L L I Z M
T I D E V A N N I S U O L A
M U S T E K A L A A L T O V
N G U W E S T Z D N S H L C
```

ANKERIAS	MUSTEKALA
OSTERI	MANET
VENE	RIUTTA
DELFIINI	SUOLA
KALA	KILPIKONNA
KATKARAVUT	SIENI
TIDEVANN	MYRSKY
HAI	TUNFISK
KORALLI	VALAS
RAPU	AALTO

2 - Schule #1

```
M A T E M A T I I K K A O T
S S R B P A D J V H Y O P I
V A S T A U K S I A N L E E
K S E W P R W V Z U Ä U T T
L O Q A E O M V K S T O T O
K Y K M R L P F T K Y K A K
I S I E I F W P J A Ö K J I
R T R J E Z J Y I A P A A L
J Ä J V Y T H H B A Ö H Y P
A V A C D K J F L N Y U Q A
S Ä T H E O Y C M M T O J I
T Y T U O L I N F K Ä N R L
O L O U N A S I Ä E Q E H U
A A K K O S E T K A N S I O
```

AAKKOSET	LOUNAS
VASTAUKSIA	KANSIO
KIRJASTO	PAPERI
LYIJYKYNÄ	KOKEET
KIRJAT	TIETOKILPAILU
YSTÄVÄ	TYÖPÖYTÄ
LUOKKAHUONE	HAUSKAA
OPETTAJA	KYNÄT
OPPIA	TUOLI
MATEMATIIKKA	

3 - Meditation

```
M H F E M O I V A L L U S L
U I E E F Y C C L H I J H U
S O E V J T Ö S C D I O B O
I H Q L D R L T E T K Q L N
I I E V I W R R Ä L E W C T
K L D O P P I A H T K R B O
K J B G L N M U E N U E N C
I A W K W M S H N B J N Y B
T I N L W K J A G E E C T S
Y S T Ä V Ä L L I S Y Y S O
F U H E N K I S T Ä B U A Z
K U H U O M I O Y G O O C Z
N S A J A T U K S I A J U F
H Y V Ä K S Y M I N E N L N
```

HYVÄKSYMINEN	HENKISTÄ
HENGITYS	SELKEYS
HUOMIO	OPPIA
LIIKE	MYÖTÄTUNTO
OIVALLUS	MUSIIKKI
YSTÄVÄLLISYYS	LUONTO
RAUHA	HILJAISUUS
AJATUKSIA	MIELI

4 - Meisterschaft

```
O Q M E S T A R I P S V U T
G T C K Y S Z M Y T S A R U
O U F C H L Y E P I F L H R
V O I T T O A S F I H M E N
S M N T T U M T M M Q E I A
T A A A D V R A K I Z N L U
R R L I I G A R V Z T T U S
A I I W V M E U O R O A F H
T G S G T J T U Z P L J L H
E H T W I E Q S P W A A P I
G M I K E S T Ä V Y Y S Q K
I O E S I T Y S P E L I T I
A R G H L G Y I S J B B B J
K H P M O T I V A A T I O M
```

KESTÄVYYS	TUOMARI
MESTARI	HIKI
FINALISTI	VOITTO
LIIGA	PELIT
TIIMI	URHEILU
MITALI	STRATEGIA
MESTARUUS	VALMENTAJA
MOTIVAATIO	TURNAUS
ESITYS	

5 - Insekten

```
A  S  U  D  E  N  K  O  R  E  N  T  O  H
L  M  A  T  O  T  O  U  K  K  A  H  Q  E
Y  M  P  E  R  H  O  N  E  N  K  Y  C  I
T  U  S  I  R  K  K  A  K  D  O  T  I  N
O  U  W  K  A  N  A  I  I  U  I  T  C  Ä
R  R  G  F  L  I  V  O  R  Z  Q  Y  A  S
A  A  R  U  Z  D  N  R  V  S  Y  N  D  I
K  H  O  R  N  E  T  E  A  U  B  E  A  R
K  A  S  E  O  I  B  A  N  F  O  N  T  K
A  I  Z  R  T  E  R  M  I  I  T  T  I  K
Z  N  O  A  M  K  N  H  U  M  Z  T  U  A
H  E  T  U  R  P  K  I  R  P  P  U  C  M
R  N  T  L  E  P  P  Ä  K  E  R  T  T  U
M  E  H  I  L  Ä  I  N  E  N  M  N  F  D
```

MUURAHAINEN	SUDENKORENTO
MEHILÄINEN	LEPPÄKERTTU
KIRVA	KOI
KIRPPU	HYTTYNEN
SIRKKA	PERHONEN
HEINÄSIRKKA	TERMIITTI
HORNET	AMPIAINEN
TORAKKA	MATO
TOUKKA	CICADA

6 - Dinosaurier

```
M R S I I V E T O H S K F Z
M A A U O P Y R S T Ö A O Y
E S T P U Q J T M V Q S S H
V A Z E T R G V A O K V S Ä
O A M A L O I A M I N I I I
L L G K A I R L M M Y N I J
U I Z N J R J T U A N S L Y
U S O J I R D A T K I Y I M
T M R D T Z R V T A G Ö T Q
I G B K H N S A I S T J F L
O K A T O A M I N E N Ä I J
L I H A N S Y Ö J Ä C D U N
Z W B G L R R K O K O O U Q
Z D Z S N E W B C F L Q O D
```

LAJIT
SAALIS
HÄIJY
VALTAVA
MAA
EVOLUUTIO
LIHANSYÖJÄ
SIIVET
FOSSIILIT

SUURI
KOKO
VOIMAKAS
MAMMUTTI
KASVINSYÖJÄ
RAPTOR
MATELIJA
PYRSTÖ
KATOAMINEN

7 - Obst

```
N B T P K O K O S N Ø T T V
E A M E N V P R A N A N A S
K R K R K H N A M T R Y Y I
T Y I S W R A N B A P K J T
A P R I K O O S I A R K I R
R Ä S K N M C S F Y F J V U
I L I K E R E I C A Q D A U
I E K A I U S L U U M U U N
N Q K I J C N K O O M E N A
I B A N A A N I Q N V V O P
P Ä Ä R Y N Ä I P U I N E W
V A D E L M A V O K A D O F
G R E I P P I I I I W W H L
B L A C K B E R R Y L M D L
```

ANANAS	KIRSIKKA
OMENA	KIIVI
APRIKOOSI	KOKOSNØTT
AVOKADO	MELONI
BANAANI	NEKTARIINI
MARJA	ORANSSI
PÄÄRYNÄ	PERSIKKA
BLACKBERRY	LUUMU
GREIPPI	RYPÄLE
VADELMA	SITRUUNA

8 - Schule #2

```
J  G  H  O  V  J  R  E  P  P  U  T  Y  S
E  V  L  Y  I  J  Y  K  Y  N  Ä  I  E  A
K  I  R  J  A  S  T  O  Y  L  M  E  P  K
O  P  P  I  M  I  N  E  N  N  Y  D  Y  S
L  U  K  E  M  I  N  E  N  K  Ä  E  Y  E
P  E  L  I  T  I  I  G  V  H  F  T  H  T
Z  M  B  K  A  L  E  N  T  E  R  I  E  Y
K  I  R  J  A  L  L  I  S  U  U  S  K  D
K  I  R  J  A  T  K  O  U  L  U  T  U  S
T  I  E  T  O  K  O  N  E  Z  A  R  M  B
D  K  Z  U  G  I  N  P  A  P  E  R  I  U
O  P  E  T  T  A  J  A  T  U  Q  N  Z  S
V  V  D  V  K  I  E  L  I  O  P  P  I  S
S  A  N  A  K  I  R  J  A  E  S  V  B  I
```

KIRJASTO	LUKEMINEN
KOULUTUS	KIRJALLISUUS
LYIJYKYNÄ	PAPERI
BUSSI	PYYHEKUMI
KIRJAT	REPPU
TIETOKONE	SAKSET
KIELIOPPI	PELIT
KALENTERI	KYNÄT
OPETTAJA	TIEDE
OPPIMINEN	SANAKIRJA

9 - Spielzeuge

```
M L E N T O K O N E H K V I
I E E B S H A K K I R U E N
E V C I U C K N Q V Q K N Z
L Y G Y J O B B L E P A E R
I S G H O A A J P N O W K O
K A A T P A L A P E L I I B
U V D Z E N U K K E K S R O
V I R U M M U T U T U U J T
I Q R I V B I E O V P O A T
T P K B R C D P T F Y S T I
U W A I S B M E I D Ö I D D
S A P L N P K L A H R K C S
G Z C C L N P I H K Ä K O Q
J L Q M C O M T C Z N I M P
```

AUTO	KUKA
PALLO	MIELIKUVITUS
VENE	NUKKE
KIRJAT	PALAPELI
LEIJA	ROBOTTI
POLKUPYÖRÄ	SHAKKI
SUOSIKKI	RUMMUT
LENTOKONE	PELIT
VENEET	SAVI

10 - Camping

```
K  P  S  Z  K  O  M  P  A  S  S  I  K  U
K  S  T  Z  R  L  U  O  N  T  O  F  A  Q
K  B  E  U  I  H  A  U  S  K  A  A  R  J
C  E  L  Ä  I  M  E  T  O  E  G  S  T  C
B  Q  T  O  P  L  Y  H  T  Y  C  D  T  T
T  H  T  H  P  S  Q  J  B  K  S  U  A  T
P  A  A  V  U  O  R  I  Ä  M  Ö  Y  K  D
H  T  I  Y  M  V  N  B  Y  R  N  Y  K  R
O  T  P  K  A  B  J  P  E  A  V  P  S  N
M  U  M  E  T  S  Ä  S  T  Y  S  I  L  I
Ö  G  Z  G  T  S  E  I  K  K  A  I  L  U
K  A  N  O  O  T  T  I  F  M  E  T  S  Ä
K  U  H  Y  Ö  N  T  E  I  N  E  N  A  J
I  M  U  A  N  T  A  A  P  O  T  K  U  T
```

SEIKKAILU	KOMPASSI
VUORI	LYHTY
ANTAA POTKUT	KUU
RIIPPUMATTO	LUONTO
HATTU	JÄRVI
HYÖNTEINEN	KÖYSI
METSÄSTYS	HAUSKAA
MÖKKI	ELÄIMET
KANOOTTI	METSÄ
KARTTA	TELTTA

11 - Zeit

```
Z  W  E  K  M  V  Q  K  C  T  I  I  K  V
C  L  A  A  I  I  D  U  A  Ä  T  L  E  U
N  M  A  L  N  I  T  U  N  N  I  N  S  O
J  J  Y  E  U  K  F  K  Y  Ä  W  H  K  S
M  S  L  N  U  K  V  A  T  Ä  I  E  I  I
J  Y  J  T  T  O  U  U  A  N  C  R  P  K
N  W  D  E  T  C  O  S  R  M  R  T  Ä  Y
O  O  S  R  I  V  S  I  J  S  U  I  I  M
B  B  J  I  I  U  I  P  Ä  I  V  Ä  V  M
T  K  E  L  L  O  S  E  L  T  D  R  Ä  E
Y  Z  I  N  W  S  A  I  K  A  I  N  E  N
C  Ö  L  C  N  I  T  E  E  Y  Q  Y  E  Z
G  R  E  B  F  E  A  H  E  R  J  B  K  J
H  D  N  K  I  O  N  B  N  B  C  G  F  C
```

AIKAINEN	KUUKAUSI
EILEN	AAMU
TÄNÄÄN	JÄLKEEN
VUOSI	YÖ
VUOSISATA	TUNNIN
VUOSIKYMMEN	PÄIVÄ
NYT	KELLO
KALENTERI	ENNEN
MINUUTTI	VIIKKO
KESKIPÄIVÄ	

12 - Säugetiere

```
L H T V K F L R K N K S S Z
A E F I A L L K O O E U B G
M V I Q I L W D I R T S O H
M O K J K K A D R S T I H K
A N I G O I E S A U U J F A
S E R V J N L R H Ä R K Ä M
E N A K O U A P I N A E U E
E M H G O R I L L A P N M L
P F V P T U P I S Y Z G G I
R O I B T F V R S Z K U V Y
A V K O I F W O T V Q R I Z
N C A R C C Q T O G U U H S
Q J G P P A N T T E R I P O
P W H Q M Z K A R H U H W O
```

APINA	LEIJONA
KARHU	PANTTERI
NORSU	HEVONEN
KETTU	ROTTA
KIRAHVI	LAMMAS
GORILLA	HÄRKÄ
KOIRA	TIIKERI
KAMELI	VALAS
KENGURU	SUSI
KOJOOTTI	SEEPRA

13 - Astronomie

```
B S I K S T A I V A S Q N L
M A A H U P T R N B I K G R
E T K T M U T G U V Z K A O
T E R A U R I N K O R O L B
E L A V U R H U M R F M A S
O L K S T K B E B C B E K E
R I E U T Y O N Y A M E S R
I I T P K E R P T Ä H T I V
K T T E O P R I U N W T T A
D T I R S E R O F T V A M T
Y I B N M K C H I P K S E O
A V Q O O Y D Q F D L I D R
J P I V S V O S M E I P D I
L K T A P L A N E E T T A O
```

ASTEROIDI   OBSERVATORIO
MAA   PLANEETTA
GALAKSI   RAKETTI
TAIVAS   SATELLIITTI
KOMEETTA   AURINKO
KOSMOS   TÄHTI
METEORI   SUPERNOVA
KUU   KAUKOPUTKI
SUMU

14 - Ballett

```
O  E  K  S  U  O  J  T  M  I  Z  R  O  F
B  R  N  H  I  L  F  A  S  N  Q  W  G  C
T  A  K  Y  O  B  N  I  O  T  B  H  K  R
T  T  L  E  N  K  R  T  G  E  L  A  I  G
L  Y  V  L  S  V  D  O  W  N  Q  R  M  U
E  Y  H  H  E  T  A  N  S  S  I  J  A  T
Y  L  K  D  K  R  E  J  O  I  R  O  H  I
E  I  E  H  V  J  I  R  Z  T  Y  I  F  L
Y  L  E  I  S  Ö  K  N  I  E  T  T  V  M
L  I  H  A  K  S  E  T  A  E  M  U  Q  E
S  Ä  V  E  L  T  Ä  J  Ä  T  I  K  O  I
M  U  S  I  I  K  K  I  H  T  F  S  N  K
B  T  A  I  T  E  E  L  L  I  N  E  N  Ä
K  O  R  E  O  G  R  A  F  I  A  T  Q  S
```

ILMEIKÄS
BALLERINA
KOREOGRAFIA
TAITO
ELE
INTENSITEETTI
SÄVELTÄJÄ
TAITEELLINEN

MUSIIKKI
LIHAKSET
ORKESTERI
HARJOITUKSET
YLEISÖ
RYTMI
TYYLI
TANSSIJAT

15 - Strand

```
E Y W K R P F H P A K E P N
J Z C J A I Y L A G U U N I
L R M K U T U Y H A Q M Q T
M P S N R J R T H Y O M P S
V E P H I S T S T E D I U S
A L R J N I C N I A L M R A
L O T I K N V P R A P U J N
T M E N O I H I E K K A E D
A A L Y V N J Z I B V W V A
M S A T E E N V A R J O E A
E C K F N N U Q H N S J N L
R R K F E S A A R I D Y E I
I R A N N I K K O L Z R U T
H W F W F O K Z B A T M L F
```

SININEN	VALTAMERI
VENE	SATEENVARJO
TELAKKA	RIUTTA
PYYHE	HIEKKA
SAARI	SANDAALIT
RAPU	PURJEVENE
RANNIKKO	AURINKO
LAGUUNI	LOMA
MERI	

16 - Restaurant #1

```
H  K  A  S  T  I  K  E  S  F  D  T  J  H
F  U  A  L  E  I  P  Ä  V  J  H  A  J  I
S  L  C  N  W  H  R  U  O  K  A  R  Ä  G
F  H  T  Y  A  U  A  Q  O  A  R  J  L  Q
L  O  Y  M  N  L  L  T  G  H  Q  O  K  O
R  R  R  U  Y  K  L  R  L  V  H  I  I  P
Q  Z  M  P  C  L  E  V  Y  I  N  L  R  E
W  R  H  Z  G  I  R  I  S  L  O  I  U  J
M  N  V  U  W  H  G  F  T  G  V  J  O  M
V  F  V  A  D  A  I  M  S  T  E  A  K  I
W  Y  L  A  U  T  A  S  L  I  I  N  A  I
V  A  L  I  K  K  O  L  J  C  T  Ö  R  Q
V  A  R  A  U  S  B  U  S  H  S  O  D  W
M  A  U  S  T  E  I  N  E  N  I  J  K  B
```

ALLERGIA	VALIKKO
LEIPÄ	VEITSI
JÄLKIRUOKA	VARAUS
RUOKA	KULHO
LIHA	LAUTASLIINA
KANA	KASTIKE
KAHVI	LEVY
TARJOILIJA	MAUSTEINEN
KEITTIÖ	

17 - Geologie

```
H M K S T F O S S I I L I K
M I A S I W Q G E Y S I R O
S N L A R Z T R R F M S O R
T E S V N Y L U O L A P J A
A R I T O O D A O W A N B L
L A U A E L S L S M N V H L
A A M S K D C A I U J L A I
G L V A V O R A O R Ä I P P
M I Y N A M Y P N R R I P E
I P Ö K R K I V I O I L O L
I P H O T L H R T W S E T R
T L Y P S T A L A C T I T E
I D K V I D S U L A Y L L E
T K E G E S U O L A S E E L
```

MAANJÄRISTYS	MINERAALI
EROOSIO	TASANKO
FOSSIILI	KVARTSI
SULA	SUOLA
GEYSIR	HAPPO
LUOLA	STALAGMIITIT
KALSIUM	STALACTITE
MAANOSA	KIVI
KORALLI	VOLCANO
LAVA	VYÖHYKE

18 - Wissenschaft

```
M H K K W F E I L T S T T R
K O I H E P N K U O Q W N A
E O L U I K L M O S E Z J T
M R G E K V O Y N I C H L O
I G D P K S U E T A Z U T M
A A Z O T Y E N O S V F V I
L N E H H K Y T Y I C S G T
L I E Y P I W L R A O R W I
I S E P G F Y S I I K K A E
N M I N E R A A L I R A Y D
E I K B E S K I L M A S T O
N E V O L U U T I O O V Z T
P A I N O V O I M A M I W I
F O S S I I L I G Z R T A Y
```

ATOMI   MOLEKYYLI
KEMIALLINEN   LUONTO
TIEDOT   ORGANISMI
EVOLUUTIO   HIUKSET
KOE   KASVIT
FOSSIILI   FYSIIKKA
ILMASTO   PAINOVOIMA
MINERAALI   TOSIASIA

19 - Bildende Kunst

```
R  U  E  P  L  A  K  K  A  M  F  W  V  Z
V  A  L  O  K  U  V  A  S  A  S  A  E  J
L  D  O  T  Y  F  O  Q  J  A  L  D  I  L
V  G  K  L  N  J  H  V  J  L  W  M  S  Y
Q  Y  U  O  Ä  D  I  Y  U  A  J  A  T  K
D  M  V  M  U  O  T  O  K  U  V  A  O  E
S  S  A  G  M  D  O  A  V  S  S  L  S  R
N  Ä  K  Ö  K  U  L  M  A  T  C  A  L  A
P  A  R  A  F  I  I  N  I  E  I  U  V  M
J  O  D  G  I  N  I  B  T  L  Z  S  B  I
H  W  T  A  L  F  T  M  I  I  R  T  N  I
I  F  P  T  E  R  U  B  C  N  G  G  K  K
L  Y  I  J  Y  K  Y  N  Ä  E  P  F  F  K
A  R  K  K  I  T  E  H  T  U  U  R  I  A
```

ARKKITEHTUURI	LAKKA
LYIJYKYNÄ	NÄKÖKULMA
ELOKUVA	MUOTOKUVA
VALOKUVA	VEISTOS
MAALAUS	MAALAUSTELINE
KERAMIIKKA	KYNÄ
LUOVUUS	SAVI
LIITU	PARAFIINI

20 - Sport

```
I  L  I  A  N  D  Z  M  I  D  T  V  I  P
Z  S  I  T  F  A  P  E  L  A  A  J  A  O
H  S  Q  U  R  O  E  S  L  C  N  N  Y  L
J  P  P  M  Z  I  L  T  E  N  N  I  S  K
V  Ä  G  O  L  F  I  A  T  I  I  M  I  U
K  O  Ä  F  I  R  J  R  U  B  U  K  I  P
K  U  I  K  Z  G  E  U  O  A  R  O  N  Y
U  H  N  M  I  F  B  U  M  S  H  R  L  Ö
B  J  B  T  I  E  P  S  A  E  E  I  I  R
A  A  U  V  O  S  K  M  R  B  I  P  I  Ä
T  H  W  L  D  S  T  K  I  A  L  A  K  K
E  Y  G  N  B  Y  A  E  O  L  I  L  E  Q
S  T  A  D  I  O  N  L  L  L  J  L  L  W
V  O  I  T  T  A  J  A  I  U  A  O  M  C
```

URHEILIJA
BASEBALL
KORIPALLO
LIIKE
JÄÄKIEKKO
POLKUPYÖRÄ
VOITTAJA
GOLF
KUNTOSALI

VOIMISTELU
TIIMI
MESTARUUS
TUOMARI
PELI
PELAAJA
STADION
TENNIS

21 - Mythologie

```
L  S  H  I  R  V  I  Ö  F  U  C  R  S  K
L  U  A  R  K  E  T  Y  P  E  L  K  A  A
E  Y  O  N  O  S  S  M  Q  Y  J  O  N  T
G  Y  N  M  K  V  T  A  I  V  A  S  K  A
E  G  S  G  I  A  S  A  Q  D  E  T  A  S
N  P  A  L  V  N  R  G  P  E  T  O  R  T
D  Y  L  A  F  W  E  I  P  E  R  S  I  R
A  L  A  B  Y  R  I  N  T  T  I  O  T  O
U  S  M  U  H  B  C  E  S  L  K  T  A  F
R  J  A  U  K  K  O  N  E  N  A  U  R  I
V  A  H  V  U  U  S  U  J  B  T  R  Z  G
O  L  E  N  T  O  M  N  B  E  E  I  O  M
S  K  U  L  T  T  U  U  R  I  U  O  B  M
J  U  M  A  L  A  T  M  H  K  S  P  D  T
```

ARKETYPE	OLENTO
SALAMA	SOTURI
UKKONEN	KULTTUURI
KATEUS	LABYRINTTI
JUMALAT	LEGENDA
SANKARI	MAAGINEN
SANKARITAR	HIRVIÖ
TAIVAS	KOSTO
KATASTROFI	VAHVUUS
LUOMINEN	

22 - Restaurant #2

```
I  P  B  Z  Y  E  D  F  Z  P  J  T  I  M
H  E  D  E  L  M  Ä  Y  D  V  U  U  L  S
T  A  R  J  O  I  L  I  J  A  O  O  L  S
A  L  A  V  Y  H  K  U  V  B  M  L  A  A
M  U  A  R  S  E  A  A  M  N  A  I  L  L
A  S  N  W  U  R  H  L  L  Q  D  L  L  A
U  I  Y  Z  N  K  M  F  K  A  H  R  I  A
S  K  K  Q  G  U  K  Q  C  U  O  B  N  T
T  K  H  B  J  L  B  A  S  U  P  P  E  T
E  A  J  E  B  L  V  E  S  I  K  A  N  I
E  D  D  J  D  I  L  O  U  N  A  S  L  H
T  D  J  Ä  Ä  N  U  U  D  E  L  I  T  A
K  A  K  K  U  E  V  I  H  A  N  N  E  S
S  U  O  L  A  N  S  R  I  J  M  D  E  F
```

ILLALLINEN	KAKKU
JÄÄN	LUSIKKA
KALA	LOUNAS
HEDELMÄ	NUUDELIT
HAARUKKA	SALAATTI
VIHANNES	SUOLA
JUOMA	TUOLI
MAUSTEET	SUPPE
TARJOILIJA	ALKUPALA
HERKULLINEN	VESI

23 - Ökologie

```
K  L  U  O  N  N  O  L  L  I  N  E  N  F
A  K  A  S  V  I  L  L  I  S  U  U  S  R
S  V  P  U  O  C  Z  U  M  D  Q  H  J  I
V  Y  H  T  E  I  S  Ö  O  S  H  I  V  V
I  R  E  S  U  R  S  S  I  N  W  G  E  I
T  U  K  A  S  V  I  S  T  O  T  Q  L  L
T  L  I  U  V  U  S  C  J  S  Q  O  Ä  L
M  K  A  M  J  O  V  Q  Q  K  B  B  I  I
S  U  L  Z  M  R  Y  L  L  S  K  W  M  G
T  U  U  Z  J  E  M  A  H  F  K  Y  I  E
I  S  O  T  O  T  R  J  L  B  J  C  S  H
K  U  I  V  U  U  S  I  L  M  A  S  T  O
K  B  U  V  K  E  S  T  Ä  V  Ä  Q  Ö  Q
S  E  L  V  I  Y  T  Y  M  I  N  E  N  F
```

LAJIT
VUORET
KUIVUUS
ELÄIMISTÖ
KASVISTO
FRIVILLIGE
YHTEISÖ
ILMASTO
MERI

KESTÄVÄ
LUONTO
LUONNOLLINEN
KASVIT
RESURSSI
SUO
SELVIYTYMINEN
KASVILLISUUS

24 - Schokolade

```
K O K O S N Ø T T F C G A J
A I N E S O S A A B T K S A
L M A A P Ä H K I N Ä T Y U
K A T K E R A A J Q K M Ö H
A K A Y U I W L R A J N D E
A E I T O M E O C B C E Ä H
K A F V U K A R A M E L L I
A C G I A R T I S A N A L F
O Y D D E K S O T I S K S D
Z G K N A G A O I H C O Y C
I D C S U O S I K K I B M M
H E R K U L L I N E N M Z A
A R O M I Q R V U Y R O O K
R E S E P T I R I B L I F U
```

AROMI
KATKERA
MAAPÄHKINÄT
SYÖDÄ
EKSOTISK
SUOSIKKI
MAKU
ARTISANAL
KAAKAO
KALORI

KARAMELLI
KOKOSNØTT
HERKULLINEN
JAUHE
LAATU
RESEPTI
MAKEA
HIMO
SOKERI
AINESOSA

25 - Boote

```
M K A N O O T T I V A B C R
E A J P R I E P Z U N Q D G
R B S O Z F L E I O K B O A
I V L T K P A L K R K J V T
M P A Q O I K A Ö O U S A R
I K U P C O K S Y V R B L H
E S T R L M A T S E I A T M
S F T Q J I R U I S C A A O
E L A M Ä E C S B I O L M O
T F H J R H V V H H J T E T
N G I Z V I M E R I O O R T
R F D Q I S W N N M F F I O
P O I J U T A E I E B N I R
J A H T I Ö K A J A K K F I
```

ANKKURI	MOOTTORI
POIJU	VALTAMERI
MIEHISTÖ	PELASTUSVENE
TELAKKA	JÄRVI
LAUTTA	MERIMIES
JOKI	PURJEVENE
KAJAKK	KÖYSI
KANOOTTI	VUOROVESI
MASTO	AALTO
MERI	JAHTI

26 - Stadt

```
K A P T E E K K I V O K L K
I Z S T A D I O N S V L M I
R E F A L E I P O M O I K R
J J S Y L Y G U K H Y N O J
A L A Z L O L A Q N V I U A
K U U W B B N I L P T K L S
A F N F E G Y K O L I K U T
U T E A T T E R I P E A V O
P H H O T E L L I A I R L L
P A E L O K U V A N M S I L
A V A L W O K H M K U E T A
L N N G J F N N S K S Y Q O
M A R K K I N A E I E U M B
R A V I N T O L A N O I C Q
```

APTEEKKI	KLINIKKA
PANKKI	MARKKINA
LEIPOMO	MUSEO
KIRJASTO	RAVINTOLA
KIRJAKAUPPA	SALONKI
LUFTHAVN	KOULU
GALLERIA	STADION
HOTELLI	TEATTERI
ELOKUVA	YLIOPISTO

27 - Aktivitäten

```
L E T U F D F C K V M V A V
R U U P P H T A A A A J V A
G E K R G J A M L L A C B E
K E N E I D I P A O L T N L
D S A T M T K I S K A A K L
R W Z Q O I A N T U U I V U
O L J N K U N G U V S D L S
V E N E E T T E S A G E J O
P E L I T A G U N U C V C O
O N R S C I U G M S J A F M
V A P A A T O I M I N T A P
L V H T C O C A A F N G B E
M E T S Ä S T Y S Z Q E C L
K E R A M I I K K A J R N U
```

TOIMINTA
KALASTUS
CAMPING
RENTOUTUMINEN
TAITO
VALOKUVAUS
VAPAA
MAALAUS
ETU
METSÄSTYS

KERAMIIKKA
TAIDE
VENEET
LUKEMINEN
TAIKA
OMPELU
PELIT
ILO
VAELLUS

28 - Bienen

```
E  K  H  S  I  P  Z  N  O  P  A  H  L  Y
K  U  Y  A  K  U  K  A  T  M  A  N  K  B
O  N  Ö  V  H  U  N  K  G  V  N  R  D  N
S  I  N  U  Y  T  K  N  Y  E  O  U  V  S
Y  N  T  P  Ö  A  S  K  Q  Z  J  O  D  I
S  G  E  O  D  R  I  P  A  P  H  K  T  I
T  A  I  L  Y  H  I  A  U  Z  E  A  U  T
E  T  N  L  L  A  V  R  R  N  D  S  S  E
E  A  E  I  L  B  E  A  I  R  E  I  Ä  P
M  R  N  N  I  D  T  F  N  D  L  S  E  Ö
I  Y  Y  A  N  G  N  I  K  D  M  J  C  L
L  C  K  T  E  K  C  I  O  K  Ä  L  S  Y
R  H  F  O  N  H  U  N  A  J  A  A  M  K
W  S  F  R  S  T  F  I  K  A  S  V  I  T
```

POLLINATOR	KUNINGATAR
PESÄ	EKOSYSTEEMI
KUKAT	KASVIT
KUKKA	SIITEPÖLY
RUOKA	SAVU
SIIVET	PARVI
HEDELMÄ	AURINKO
PUUTARHA	HYÖDYLLINEN
HUNAJA	PARAFIINI
HYÖNTEINEN	

29 - Wissenschaftliche Disziplinen

```
I  K  G  E  K  P  B  A  L  T  Y  B  M  N
M  I  K  E  M  I  A  R  K  Z  F  I  E  E
P  E  B  I  O  K  E  M  I  A  Y  O  K  U
S  L  T  U  A  L  U  S  N  C  S  L  A  R
Y  I  D  E  U  F  O  I  E  P  I  O  N  O
K  T  D  Q  O  C  E  S  H  O  G  I  L  L
O  I  A  T  G  R  K  S  I  Y  L  I  I  O
L  E  W  B  H  N  O  Q  O  A  O  A  K  G
O  D  G  Q  D  U  L  L  L  G  P  K  I
G  E  A  R  K  E  O  L  O  G  I  A  A  A
I  R  Q  K  G  N  G  R  G  G  A  L  V  P
A  N  A  T  O  M  I  A  I  Y  I  H  D  E
T  K  R  I  H  L  A  A  A  A  R  A  T  V
I  M  M  U  N  O  L  O  G  I  A  M  Q  O
```

ANATOMIA

ARKEOLOGIA

BIOKEMIA

BIOLOGIA

KEMIA

GEOLOGIA

IMMUNOLOGIA

KINESIOLOGIA

KIELITIEDE

MEKANIIKKA

METEOROLOGIA

NEUROLOGIA

EKOLOGIA

FYSIOLOGIA

PSYKOLOGIA

30 - Vögel

```
H  B  R  M  R  J  T  W  N  K  K  K  W  S
K  V  T  G  Q  H  H  V  F  O  O  Y  F  O
P  A  P  U  K  A  I  J  A  R  T  Y  K  K
P  R  F  F  Ä  I  A  Z  K  P  K  H  R  F
E  P  L  O  K  K  I  N  K  P  A  K  G  P
L  U  A  M  I  A  M  E  K  I  I  Y  D  I
I  N  M  O  L  R  N  E  I  K  V  N  J  N
K  E  I  V  F  A  Z  A  O  M  A  E  J  G
A  N  N  C  A  D  F  M  U  N  A  N  O  V
A  J  G  H  H  R  B  H  K  J  Q  P  U  I
N  P  O  Q  L  D  I  Q  T  H  U  Ö  T  I
I  O  H  A  N  H  I  S  B  M  P  L  S  N
R  I  I  K  I  N  K  U  K  K  O  L  E  I
T  O  U  K  A  A  N  I  N  C  C  Ö  N  E
```

KOTKA	PAPUKAIJA
MUNA	PELIKAANI
ANKKA	RIIKINKUKKO
PÖLLÖ	PINGVIINI
FLAMINGO	KORPPI
HANHI	JOUTSEN
KANA	VARPUNEN
VARIS	HAIKARA
KÄKI	KYYHKYNEN
LOKKI	TOUKAANIN

31 - Garten

```
M  M  Q  Z  P  U  S  K  A  Z  L  D  H  Q
L  A  M  P  I  A  U  T  O  T  A  L  L  I
O  H  A  H  O  P  U  U  V  T  P  Z  R  P
S  E  L  P  L  O  D  S  G  E  I  Y  A  U
P  D  T  S  E  P  S  N  Z  R  O  G  K  U
U  E  P  C  T  R  A  Y  J  A  E  J  E  T
O  L  N  O  K  Q  Ä  L  P  S  Y  S  Z  A
Y  M  U  K  U  K  K  A  R  S  C  A  S  R
U  Ä  R  U  K  A  B  I  U  I  U  Y  D  H
P  T  M  I  G  I  K  S  O  G  B  K  U  A
F  A  I  S  Q  T  L  I  H  K  Y  F  Q  N
U  R  K  T  R  A  M  P  O  L  I  I  N  I
J  H  K  I  V  L  R  R  F  F  G  P  I  W
E  A  O  R  I  I  P  P  U  M  A  T  T  O
```

PENKKI	NURMIKKO
PUU	RAKE
KUKKA	LAPIO
MAAPERÄ	LETKU
PUSKA	LAMPI
AUTOTALLI	TERASSI
PUUTARHA	TRAMPOLIINI
RUOHO	UGRESS
RIIPPUMATTO	KUISTI
HEDELMÄTARHA	AITA

32 - Antarktis

```
S  J  Z  L  Y  Y  W  W  G  T  T  I  Y  M
Ä  Ä  M  O  T  O  P  O  G  R  A  F  I  A
Ä  Ä  I  V  F  L  Ä  M  P  Ö  T  I  L  A
N  N  N  L  O  R  M  A  A  N  O  S  A  N
I  R  E  A  Y  E  L  I  N  T  U  D  N  T
E  T  R  H  M  T  U  U  L  E  T  F  H  I
M  D  A  T  P  K  T  I  I  D  K  L  Z  E
I  N  A  I  Ä  I  C  Ä  S  W  E  Q  C  D
M  V  L  J  R  K  M  Z  M  B  Z  I  L  E
A  M  I  Y  I  U  V  E  S  I  R  M  Z  T
A  Z  J  B  S  N  C  T  W  K  N  E  C  F
Z  M  U  U  T  T  O  N  V  W  P  E  E  G
T  M  B  O  Ö  A  Y  Y  B  Q  W  N  R
K  I  V  I  N  E  N  T  U  T  K  I  J  A
```

LAHTI
JÄÄN
SÄILYTTÄMINEN
RETKIKUNTA
KIVINEN
TUTKIJA
MAANTIEDE
ISBREER
NIEMIMAA
MAANOSA

MUUTTO
MINERAALI
LÄMPÖTILA
TOPOGRAFIA
YMPÄRISTÖ
LINTU
VESI
SÄÄ
TUULET

33 - Fahren

```
T  B  S  A  L  V  S  T  J  C  W  O  M  T
K  U  L  J  E  T  U  S  K  S  C  N  O  U
F  S  U  B  A  Q  V  A  A  R  A  N  O  N
M  S  W  O  U  A  M  L  U  G  Z  E  T  N
L  I  S  E  N  S  S  I  T  T  N  T  T  E
M  A  H  I  O  K  P  L  O  V  O  T  O  L
O  K  J  U  P  U  O  I  T  A  A  O  R  I
O  A  A  Z  E  K  L  I  A  R  V  M  I  H
T  R  R  A  U  A  I  K  L  O  C  U  P  K
T  T  R  C  S  G  I  E  L  I  O  U  Y  Z
O  T  U  K  Y  U  S  N  I  T  A  S  Ö  Z
R  A  T  T  D  A  I  N  J  U  B  N  R  L
I  R  Q  E  G  O  T  E  M  S  H  F  Ä  U
T  U  R  V  A  L  L  I  S  U  U  S  U  F
```

AUTO	MOOTTORI
JARRUT	MOOTTORIPYÖRÄ
BUSSI	POLIISI
AUTOTALLI	TURVALLISUUS
KAASU	KULJETUS
VAARA	TUNNELI
NOPEUS	ONNETTOMUUS
KARTTA	LIIKENNE
LISENSSI	VAROITUS
KUKA	

34 - Bücher

```
R U N O R K O K O E L M A R
R G R G K E K S E L I Ä S E
S H U M O R I S T I N E N L
K E L A M T L M E K N R R E
R S I V U O Q E K T M C U V
I Z A K M J T R I Y B H N A
F N U R K A O K J J O B O A
T V G D J A H K Ä A P U U N
L A F Y T A I I T L A S S T
I Y R E N G O L U K I J A I
G E B I O A J J U V H F C A
D K R S N K O N T E K S T I
E U C U V A R O M A A N I C
K A K S I N A I S U U S H K
```

SEIKKAILU
TEKIJÄ
MERKKI
KAKSINAISUUS
KEKSELIÄS
KERTOJA
RUNO
TARINA
SKRIFTLIG

HUMORISTINEN
KOKOELMA
KONTEKSTI
LUKIJA
RUNOUS
RELEVAANTIA
ROMAANI
SIVU
SARJA

35 - Menschlicher Körper

```
R F L K I E L I Q Y V J V P
K Z K Y Y N Ä R P Ä Ä A E Q
G Q A D S U U N O P K L R B
G R S E Y Z I W L Q G K I W
D D V H D O S O V O S A K O
D D O T Ä I O O I A I V O T
P N T K N J R W H V A T S A
L F P C A U M K O N E N Ä F
J E P Ä Ä U I G L I B L L K
Z L U U D D L L K L D F Z P
R G M K Ä S I A A K O R V A
S U D A A K M D P K C Q N O
H I G F A Y C W Ä A F H F N
K G P Y E T T S Ä F W V F N
```

JALKA	LEUKA
VERI	POLVI
KYYNÄRPÄÄ	NILKKA
SORMI	PÄÄ
AIVOT	VATSA
KASVOT	SUU
KAULA	NENÄ
KÄSI	KORVA
IHO	OLKAPÄÄ
SYDÄN	KIELI

36 - Klettern

```
S  F  T  N  Y  F  K  O  R  K  E  U  S  Y
V  F  O  F  A  Y  J  G  K  H  B  K  K  Y
V  U  N  D  I  Y  Z  J  S  W  M  A  A  T
A  T  I  K  Ä  S  I  N  E  E  T  R  W  D
M  E  L  V  A  I  K  O  U  L  U  T  U  S
M  L  M  E  P  N  V  V  C  W  B  T  R  F
A  I  A  K  V  E  M  A  G  G  R  A  R  S
N  A  I  M  A  N  V  A  K  N  D  M  G  A
G  I  N  Q  E  K  A  P  E  A  E  S  H  A
L  S  E  W  L  V  H  A  H  D  U  B  G  P
F  U  N  K  L  W  V  K  I  R  J  S  G  P
S  U  O  P  U  O  U  E  B  R  E  K  F  A
B  S  D  L  S  Q  U  K  Y  P  Ä  R  Ä  A
K  J  O  G  A  O  S  Y  P  J  W  L  Y  T
```

ILMAINEN   UTELIAISUUS
KOULUTUS   FYYSINEN
MAA   KAPEA
KÄSINEET   VAKAUS
KYPÄRÄ   VAHVUUS
KORKEUS   SAAPPAAT
LUOLA   VAMMA
KARTTA   VAELLUS

37 - Landschaften

```
O V M M M L A A K S O J C W
N J Y P Q U V O L C A N O A
G E Y S I R J O K I W A H A
Z H M A S M Ä W U E W E R V
G A D D W W Ä M R M Z P V I
L U O L A N T U N D R A U K
E Z H Z E S I K B N F R O K
V U P E Z M K E I D A S R O
S Z L V D N K R M E R I I W
U R A N T A Ö D R I I D G F
O J Ä Ä V U O R I N M Ä K I
F B U C C S J Ä R V I A H D
K C K U I L U U B U J Y A M
R V E S I P U T O U S S O T
```

VUORI	MERI
JÄÄVUORI	KEIDAS
JOKI	JÄRVI
GEYSIR	RANTA
JÄÄTIKKÖ	SUO
KUILU	LAAKSO
NIEMIMAA	TUNDRA
LUOLA	VOLCANO
MÄKI	VESIPUTOUS
SAARI	AAVIKKO

38 - Abenteuer

```
M A H D O L L I S U U S I F
L Y L L Ä T T Ä V Ä U J L F
M G S V L U O N T O T S O F
D T E F S R L Q U B T E I Y
R M N N F V L M J A O Z D I
V E P Ä T A V A L L I N E N
H A D Y P L K T E R M F N N
P Z I R Y L O K D D I W V O
M M H K J I H U Z B N O T S
G A G E E S D S R E T K I T
H H T G D U E T H P A M I U
O P D K S U S A M I N E R S
S A D E A S R A Y S T Ä V Ä
N A V I G O I N T I C P R A
```

TOIMINTA
RETKI
INNOSTUS
MAHDOLLISUUS
ILO
YSTÄVÄ
LUONTO
NAVIGOINTI

UUSI
MATKUSTAA
MATKA
VAIKEUS
TURVALLISUUS
EPÄTAVALLINEN
YLLÄTTÄVÄ
KOHDE

39 - Flugzeuge

```
P N F O H T T U H P C L F M
Z W E C M R A T I I V A N I
S Ä Ä A G A I F S L E S A E
V E T Y M K V O T O P K V H
M I I P A E A R O T O E I I
O L L K T N S M R T L U G S
O M M O K T H I I I T T O T
T A A R U A W N A P T U I Ö
T I L K S M I G S O O M D W
O N F E T I Z L N T A I A U
R E C U A N W P U K I N U P
I N G S J E U O V U N E P B
M S N Y A N K P Z R E N N T
I L M A P A L L O I D V H I
```

SEIKKAILU
LASKEUTUMINEN
ILMAINEN
ILMAPALLO
POLTTOAINE
MIEHISTÖ
UTFORMING
HISTORIA
TAIVAS
KORKEUS

RAKENTAMINEN
ILMA
MOOTTORI
NAVIGOIDA
MATKUSTAJA
PILOTTI
POTKURI
VETY
SÄÄ

40 - Haartypen

```
V P D Q K G M K A P A K S U
Ä U P M U S T A A U Y I O H
R N E G I A Q L L N G H A V
I O H B V F K J T O T A F D
L T M A A Z N U O S H R B D
L T E R R U P O I J A A L V
I U Ä H U M E Z L W B A M A
N T K U O S A J E U Q C D L
E U I R M O K A V I E G R K
N G H V A A L E A G O N L O
S E A O H U T Q A B I U P I
Z P R L P I T K Ä T U A Q N
N Y A O L E T E R V E H S E
T Q T F W B A L Y H Y T M N
```

VAALEA	PITKÄ
RUSKEA	KIHARAT
PAKSU	KIHARA
OHUT	MUSTA
VÄRILLINEN	HOPEA
PUNOTTU	KUIVA
TERVE	PEHMEÄ
HARMAA	VALKOINEN
KALJU	AALTOILEVA
LYHYT	PUNOS

41 - Essen #1

```
V M S S K V H D V L S C H J
A A A O T A E V N M I I G S
L A L K K M H T A A P M U S
K P A E E P Y V W I U P P M
O Ä A R H S O S I T L R Z A
S H T I Z Y M U G O I P I N
I K T M E H U O J U B P N S
P I I F Q K H L K A N E L I
U N S U P P E A I L N G T K
L Ä P I N A A T T I I C T K
I P O R K K A N A A V H U A
O I G O S S I T R U U N A P
P Ä Ä R Y N Ä T U N F I S K
B A S I L I K A W T P W V U
```

BASILIKA
PÄÄRYNÄ
MANSIKKA
MAAPÄHKINÄ
LIHA
KAHVI
PORKKANA
VALKOSIPULI
MAITO
NAURIS

MEHU
SALAATTI
SUOLA
PINAATTI
SUPPE
TUNFISK
KANELI
SITRUUNA
SOKERI
SIPULI

42 - Gebäude

```
M A A T I L A M H H S Q R H
S P G L C C Z J U S U L K O
Y L I O P I S T O S P M O T
K L K U R Z A E M T E H U E
E Q W S W A I A M A R O L L
T L W M N I R T A D M S U L
E Z O Ö Q L A T O I A T O I
L W T K L D A E W O R E P T
T O F K U S L R O N K L P A
T W M I L V A I L Y E L R H
A A U T O T A L L I T I S H
T O R N I L Ä H E T Y S T Ö
O B S E R V A T O R I O O Z
L O T E H D A S N U I M Y W
```

MAATILA
LÄHETYSTÖ
TEHDAS
AUTOTALLI
HOSTELLI
HOTELLI
MÖKKI
ELOKUVA
SAIRAALA
MUSEO

OBSERVATORIO
LATO
KOULU
STADION
SUPERMARKET
TEATTERI
TORNI
YLIOPISTO
TELTTA

43 - Angeln

```
L H K O U K K U E W J Z I R
J K V O U Y O M V A V E V O
L W Q V K G R Q Ä G L Z D Q
V E N E S K I P T J U Z P Y
V E S I L A I T T E E T A V
O V E R D R I V E L S E I K
R L K P A F D A L L Y T N A
W J O K I N D L E E Ö A O U
J Ä R V I H T T U N T L K S
K T J Y B D E A K E T E O I
G Q C Q G V P M A O I J Y Q
H B Z O N A J E Z T D M P T
S G W H U J N R P O K A K T
J T Å L M O D I G H E T K S
```

LAITTEET	GJELLENE
VENE	KOKKI
EVÄT	KORI
JOKI	SYÖTTI
TÅLMODIGHET	VALTAMERI
PAINO	JÄRVI
KOUKKU	RANTA
KAUSI	OVERDRIVELSE
LEUKA	VESI

44 - Essen #2

```
L  E  I  P  Ä  J  O  G  U  R  T  T  I  Z
S  W  L  S  R  U  R  M  G  R  J  T  K  K
S  E  W  U  O  U  O  U  E  Z  C  J  J  T
I  W  L  K  R  S  W  N  F  N  P  P  H  C
E  C  P  L  F  T  B  A  N  A  A  N  I  R
N  L  D  A  E  O  A  K  N  T  R  Y  V  I
I  I  I  A  O  R  K  O  P  O  S  N  E  I
M  U  N  A  E  D  I  I  F  M  A  J  H  S
F  P  K  H  O  P  N  S  T  A  K  C  N  I
D  A  D  Z  J  A  K  O  W  A  A  A  Ä  M
A  R  T  I  S  O  K  K  A  T  A  C  L  F
A  S  I  N  O  R  U  H  M  T  L  B  G  A
M  A  N  T  E  L  I  W  B  I  I  A  S  Y
L  N  U  K  I  R  S  I  K  K  A  I  Q  Z
```

OMENA	KIRSIKKA
ARTISOKKA	MANTELI
MUNAKOISO	SIENI
BANAANI	RIISI
PARSAKAALI	KINKKU
LEIPÄ	SUKLAA
MUNA	SELLERI
KALA	PARSA
JOGURTTI	TOMAATTI
JUUSTO	VEHNÄ

45 - Familie

```
B M Z P O J A N P O I K A A
T A N V M S M J D V A I M O
L I E Z B H K K L E E L E O
G A N W D T R V V L O D C Y
H G P N O K Ä I J J Z D W T
U G U S E W I T S E R K K U
P R L K U S T Y I N R N H O
C M D H T U I T S T U B Q J
Ä I D I N I S Ä K Y D A R R
G E T S R S O R O T V E L I
Y S H Ä I S Ä G S Ä L M T S
A U N N J E I M N R M S T I
L A P S I T T S T A M F A R
G N J M N Ä I S O I S Ä T B
```

VELI	VELJENTYTÄR
VAIMO	SETÄ
MIES	SISKO
POJANPOIKA	TÄTI
ISOÄITI	TYTÄR
ISOISÄ	ISÄ
LAPSI	ISÄN
LAPSUUS	SERKKU
ÄITI	STAMFAR
ÄIDIN	

46 - Pflanzen

```
Q  B  P  U  U  I  M  M  Y  O  M  P  C  S
J  P  A  B  Z  K  U  E  P  U  S  K  A  N
N  K  P  M  Y  Y  R  T  T  I  P  P  N  E
R  E  U  G  B  K  A  S  V  I  S  T  O  V
J  U  U  R  I  U  T  Ä  W  K  S  S  B  L
H  P  O  K  A  K  T  U  S  U  A  A  D  A
Q  K  A  H  L  H  I  Y  U  K  M  W  L  N
P  S  E  A  O  E  V  H  V  K  M  Q  V  N
M  A  R  J  A  G  H  H  L  A  A  D  O  O
S  Z  S  B  N  I  U  T  S  L  L  C  H  I
L  K  A  S  V  I  L  L  I  S  U  U  S  T
P  U  U  T  A  R  H  A  B  E  V  N  V  E
T  E  R  Ä  L  E  H  T  I  R  N  B  D  Y
T  U  K  A  S  V  I  T  I  E  D  E  T  N
```

BAMBU	KASVISTO
PUU	PUUTARHA
MARJA	RUOHO
KUKKA	KAKTUS
TERÄLEHTI	YRTTI
PAPU	LEHTIEN
KASVITIEDE	SAMMAL
PUSKA	KASVILLISUUS
LANNOITE	METSÄ
MURATTI	JUURI

47 - Kunst

```
M O N I M U T K A I N E N I
A L K U P E R Ä I N E N M N
L U O D A P T U V P K W I S
W K E R A A M I N E N Y E P
K O O S T U M U S O Z M L I
Q H V E T E B M S J U T I R
E I L U D P A T G W A S A E
V I S U A A L I N E N Q L R
R E H E L L I N E N Z J A T
T N I L M A I S U I U K S W
T G D S U R R E A L I S M I
A I H E T K U V A T A W I J
R S H R H O J H Z W W H H U
Y H S A D H S S Y M B O L I
```

ILMAISU	KUVATA
REHELLINEN	LUODA
AIHE	VEISTOS
INSPIRERT	MIELIALA
KERAAMINEN	SURREALISMI
MONIMUTKAINEN	SYMBOLI
ALKUPERÄINEN	VISUAALINEN
RUNOUS	KOOSTUMUS

48 - Gewürze

```
L A K R I T S I Q R A R S O
V B V W Q S W O O T Q Y U L
K A K A R D E M U M M A O K
A W L T M K Y N S I A W L U
N I N K I V Ä Ä R I F J A M
E A I A O V J S K V N Y P I
L S R T A S D J Q S E D A N
I Q O K R N I I R I B C P A
G P V E T R I P I P P U R I
Y L U R L T H S U U G R I H
A W P A F E N K O L I R K A
M A K E A H E U O I I Y A P
M A U S T E S A H R A M I A
V A N I L J A B G M A K U N
```

ANIS	KYNSI
KATKERA	PAPRIKA
CURRY	PIPPURI
FENKOLI	MAUSTESAHRAMI
MAKU	SUOLA
INKIVÄÄRI	HAPAN
KARDEMUMMA	MAKEA
VALKOSIPULI	VANILJA
KUMINA	KANELI
LAKRITSI	SIPULI

49 - Gemüse

```
P E R U N A D U J P A V T P
F S K S M A C P I O R A O I
V E O U I K K Z O R T L M N
H L P H K P Q L I K I K A A
D L E O K K U Y L K S O A A
H E R N E M A L B A O S T T
M R S Y O O U K I N K I T T
S I I N L K Q N A A K P I I
S A L A A T T I A A A U B H
R Q J U D P C U E K L L L L
S N A R K U R K K U O I T M
D O L I I V I Y Q C L I U H
C M A S K O K U R P I T S A
S I E N I N K I V Ä Ä R I O
```

ARTISOKKA
MUNAKOISO
KUKKAKAALI
HERNE
KURKKU
INKIVÄÄRI
PORKKANA
PERUNA
VALKOSIPULI
KURPITSA

OLIIVI
PERSILJA
SIENI
NAURIS
SALAATTI
SELLERI
PINAATTI
TOMAATTI
SIPULI

50 - Katzen

```
B  P  U  L  M  E  T  S  Ä  S  T  Ä  J  Ä
R  Y  J  D  A  B  M  K  K  G  J  N  Z  W
P  R  O  J  N  N  O  P  E  A  S  T  I  R
V  S  B  Y  S  M  K  H  S  W  H  J  W  I
N  T  K  V  K  K  Y  A  U  N  A  T  H  I
W  Ö  V  Ä  C  C  N  D  G  L  U  K  U  P
U  I  C  H  A  U  S  K  A  N  L  Q  G  P
I  D  V  Ä  O  S  I  P  K  J  N  U  B  U
J  T  J  N  W  Q  Ä  V  Q  Q  U  H  W  M
Z  A  U  U  T  E  L  I  A  S  K  P  K  A
K  S  W  R  A  O  K  L  Z  D  K  W  G  T
L  S  L  B  K  A  T  L  C  U  U  Y  N  O
R  U  L  E  I  K  K  I  S  Ä  A  K  S  N
U  R  E  Z  K  H  I  I  R  I  U  E  U  W
```

TURKKI	NOPEASTI
LANKA	UJO
METSÄSTÄJÄ	PYRSTÖ
HAUSKA	RIIPPUMATON
KYNSIÄ	HULLU
HIIRI	LEIKKISÄ
UTELIAS	VÄHÄN
TASSU	VILLI
NUKKUA	

51 - Tanzen

```
I  H  A  R  J  O  I  T  U  K  S  E  T  K
V  L  V  I  S  U  A  A  L  I  N  E  N  O
Z  B  O  A  R  M  O  G  N  R  K  C  A  R
Y  F  K  I  K  U  L  T  T  U  U  R  I  E
Z  D  K  M  N  K  W  S  L  Z  M  L  L  O
R  Y  T  M  I  E  L  E  S  C  P  I  M  G
I  Y  P  U  M  R  N  A  D  U  P  I  E  R
I  N  H  T  U  N  N  E  S  W  A  K  I  A
K  E  T  T  S  W  E  C  L  S  N  E  K  F
E  M  T  A  I  D  E  G  T  M  I  C  Ä  I
H  P  E  R  I  N  T  E  I  N  E  N  S  A
O  C  A  A  K  A  T  E  M  I  A  K  E  W
F  I  T  A  K  S  H  F  S  B  A  F  R  N
Y  Y  D  U  I  M  V  J  Q  Z  B  Q  Z  K
```

AKATEMIA	KEHO
ARMO	KULTTUURI
ILMEIKÄS	TAIDE
LIIKE	MUSIIKKI
KOREOGRAFIA	KUMPPANI
TUNNE	HARJOITUKSET
ILOINEN	RYTMI
RYHTI	PERINTEINEN
KLASSINEN	VISUAALINEN

52 - Ernährung

```
K  V  R  D  D  L  K  Q  T  V  B  J  M  V
A  Ä  I  B  S  H  L  A  A  T  U  I  Y  V
L  Z  Y  L  O  S  Y  Ö  T  Ä  V  Ä  R  H
O  J  C  M  J  K  P  J  E  K  E  B  K  O
R  T  D  D  I  A  T  E  R  V  E  L  K  Z
I  O  F  I  E  N  E  E  V  G  P  R  Y  P
E  O  T  E  S  I  E  Y  E  D  Y  J  A  B
V  V  W  M  M  Z  G  N  Y  F  Z  Q  D  O
P  L  N  Æ  R  I  N  G  S  S  T  O  F  F
K  A  R  B  O  H  Y  D  R  A  T  E  R  P
D  Y  M  A  K  U  S  H  I  V  D  G  S  A
R  U  O  K  A  V  A  L  I  O  J  G  P  I
R  J  Y  K  K  A  S  T  I  K  E  P  T  N
R  U  O  K  A  H  A  L  U  Z  B  E  S  O
```

RUOKAHALU	VILJA
KATKERA	PAINO
RUOKAVALIO	KALORI
SYÖTÄVÄ	KARBOHYDRATER
KÄYMINEN	NÆRINGSSTOFF
MAKU	LAATU
TERVE	KASTIKE
TERVEYS	MYRKKY

53 - Technologie

```
T I E T O K O N E O T Q G F
V I R T U A A L I N E N J O
I T I E D O S T O Y W K L N
R F N G M H W H T I E D O T
U J T K K J Z E T A V U A T
S K E K P E V C O R D Q S I
T U R V A L L I S U U S E K
I N N B V M M G G U Q Y L U
L Ä E L V I E S T I O B A R
A Y T O M S R R J J R Z I S
S T V G P T H V A Z P M N O
T T A I W O Z D Q C L B W R
O Ö Z I D T U T K I M U S I
T D I G I T A A L I N E N E
```

NÄYTTÖ   INTERNET
BLOGI   KAMERA
SELAIN   VIESTI
TAVUA   FONTTI
TIETOKONE   TURVALLISUUS
KURSORI   OHJELMISTO
TIEDOSTO   TILASTOT
TIEDOT   VIRTUAALINEN
DIGITAALINEN   VIRUS
TUTKIMUS

54 - Wasser

```
V I E H U B U R J J O I M H
C P B Ö S A D E Y O H A O A
M Y J Y H U R R I K A A N I
L O Ä R W R P C B I T G S H
C W Ä Y E A A R M W U E U T
K A N A V A K K N L L Y U U
J Ä R V I G K A O Y V S N M
T L L V V F A Q S S A I I I
Q I S L J W N A U T T R D N
U K H D U R E A I L E E O E
O J H K F M N L H N A L U N
K O S T E A I T K K W N U S
I Y R T U H S O U A I A Q R
V A L T A M E R I N C E T Y
```

KASTELU   HURRIKAANI
HÖYRY   KANAVA
SUIHKU   MONSUUNI
JÄÄN   VALTAMERI
KOSTEA   SADE
KOSTEUS   LUMI
JOKI   JÄRVI
TULVA   HAIHTUMINEN
PAKKANEN   AALTO
GEYSIR

55 - Science Fiction

```
F A N T A S T I N E N Y P Ä
D Y S T O P I A Z U D F L Ä
F R G E L O K U V A E U A R
R E A L I S T I N E N T N I
U F L K I R J A T K O U E M
B D A S I V G H E E R R E M
G J K U V O Q I O M A I T Ä
I I S U R S F C H I A S T I
I F I U T O P I A K K T A N
T E K N O L O G I A K I I E
I L L U U S I O N A E N E N
R Ä J Ä H D Y S P L L E D N
R O B O T T I C G I I N G Z
S K E N A A R I O T S F E Y
```

KIRJAT
KEMIKAALIT
DYSTOPIA
RÄJÄHDYS
ÄÄRIMMÄINEN
FANTASTINEN
FUTURISTINEN
GALAKSI
ILLUUSIO

ELOKUVA
ORAAKKELI
PLANEETTA
REALISTINEN
ROBOTTI
SKENAARIO
TEKNOLOGIA
UTOPIA

56 - Haustiere

```
B  K  L  W  D  H  G  H  P  P  A  W  Y  D
K  A  I  K  O  I  R  A  K  Y  N  N  E  T
L  N  S  S  P  H  F  M  K  E  R  D  J  O
K  I  K  H  S  N  Q  S  S  C  M  S  J  M
I  I  O  J  K  A  T  T  U  N  G  E  T  S
L  L  S  L  D  P  H  E  R  D  Z  V  V  Ö
P  T  N  S  F  A  J  R  O  U  M  I  U  W
I  C  D  Q  C  P  E  I  D  Y  O  R  S  F
K  P  E  N  T  U  Z  N  A  K  K  K  E  M
O  A  F  F  H  K  I  V  Z  K  A  L  A  V
N  C  F  J  M  A  M  H  N  Q  U  E  D  U
N  V  M  U  H  I  I  R  I  B  L  H  U  O
A  V  E  S  I  J  C  M  T  Q  U  M  C  H
G  Y  U  F  Q  A  M  E  D  J  S  Ä  G  I
```

LISKO	LEHMÄ
RUOKA	HIHNA
KALA	HIIRI
HAMSTERI	PAPUKAIJA
KANI	KILPIKONNA
KOIRA	PYRSTÖ
KISSA	VESI
KATTUNGE	PENTU
KAULUS	VUOHI
KYNNET	

57 - Geburtstag

```
S  A  J  V  G  T  V  U  B  A  D  S  M  Q
L  N  U  U  R  S  I  O  Y  D  W  H  D  R
E  E  H  O  P  P  I  A  Z  T  A  F  K  L
I  N  L  S  Ä  F  S  E  B  M  M  D  O  K
L  H  A  I  I  K  A  L  E  N  T  E  R  I
O  A  A  S  V  J  U  F  M  D  Q  G  T  W
I  I  K  U  Ä  S  S  Z  E  E  Q  Q  I  F
N  K  E  L  S  P  E  S  I  E  L  L  T  K
E  A  O  B  Z  K  Y  N  T  T  I  L  Ä  A
N  L  A  H  J  A  A  M  U  S  K  A  N  K
U  K  U  T  S  U  T  A  G  G  L  U  B  K
O  O  N  N  E  L  L  I  N  E  N  L  O  U
R  P  F  H  Y  S  T  Ä  V  Ä  N  U  Z  I
I  S  Y  N  T  Y  N  Y  T  S  Q  R  I  V
```

KUTSUT	KORTIT
JUHLA	KYNTTILÄ
ILOINEN	KAKKU
YSTÄVÄ	OPPIA
SYNTYNYT	LAULU
LAHJA	HAUSKAA
ONNELLINEN	SPESIELL
VUOSI	PÄIVÄ
NUORI	VIISAUS
KALENTERI	AIKA

58 - Literatur

```
K A N E K D O O T T I T A R
U E Z D R U N O E B M E N O
V L R T W U G W E F T K A M
A O Y T Y S N W M F E I L A
U P T R O Y Q O A D R J Y A
S P M A M J L F L U V Ä Y N
Z U I G E P A I V L D O S I
Y S T E T Ä N K E K I C I T
I O E D A Ä A T R U A N V B
F I L I F T L I T L L F E L
T N S A O E O O A S O C K N
M T C C R L G T I R G I W J
E U M C A M I A L C F Z Q G
Z K S M F Ä A Z U P P A D G
```

ANALOGIA
ANALYYSI
ANEKDOOTTI
TEKIJÄ
KUVAUS
DIALOG
KERTOJA
FIKTIOTA
RUNO
METAFORA

RUNOLLINEN
LOPPUSOINTU
RYTMI
ROMAANI
PÄÄTELMÄ
TYYLI
TEEMA
TRAGEDIA
VERTAILU

59 - Wandern

```
K S O R L K I V I C T P S R
A A G H V U O R I W A U N M
L A R U Z D O K K F Z I S R
L P A T O U E N O P T S C A
I P L V T C L T T U K T V S
O A N Z S A Ä R B O S O H K
A A T A D D I L M A S T O A
F T A F C A M P I N G Z T S
S U U N T A E V A A R A T K
Ä W R U E F T E P A E M E M
Ä A I B W V Ä S Y N Y T W O
U S N D T A V I L L I O R Q
D L K J P V G B R M C A L H
U L O N W V K T U E R I P H
```

VUORI	PUISTOT
CAMPING	RASKAS
VAARAT	AURINKO
KOKOUS	KIVI
KARTTA	SAAPPAAT
ILMASTO	ELÄIMET
KALLIO	VESI
VÄSYNYT	SÄÄ
LUONTO	VILLI
SUUNTA	

60 - Länder #2

```
N U K S R V Q Y P N Y N D C
J K A E A K T E N I R P C W
A R H K N V V R U U D F S M
M A B I S I R L A N T I W A
A I A L K M A P Q I M A R R
I N O A A S E A J G B K L T
K A J L V O G K R E I K K A
A F T B J S S I S R M Q V L
N E P A L R A S Y I H L E I
U G A N D A W T Y A K K N B
A E T I O P I A R I R O Ä E
J A P A N I C N I O N Q J R
I P H A I T I O A B R L Ä I
F H D I O U J S U D A N P A
```

ALBANIA	LIBERIA
ETIOPIA	MEKSIKO
RANSKA	NEPAL
KREIKKA	NIGERIA
HAITI	PAKISTAN
IRLANTI	VENÄJÄ
JAMAIKA	SUDAN
JAPANI	SYYRIA
KENIA	UGANDA
LAOS	UKRAINA

61 - Fahrzeuge

```
R A K E T T I K U K A P D S
L L M P L E N T O K O N E U
M D T T O V I A V E N E N K
V T G R A L F M E J B N R E
A U D A H L K B U S S I K L
R E N K A A T U I A U T O L
E K F T M U A L P B U G E U
B F U O E T K A J Y R H Q S
I Y I R T T S N K Q Ö Y P V
L W T I R A I S J P V R F E
D H N I O N M S L O A V Ä N
S C O O T E R I B G Q E N E
H E L I K O P T E R I Y K E
M O O T T O R I V B N R N Y
```

AUTO	MOOTTORI
VENE	RAKETTI
BUSSI	RENKAAT
POLKUPYÖRÄ	SCOOTER
LAUTTA	TAKSI
LENTOKONE	TRAKTORI
HELIKOPTERI	METRO
AMBULANSSI	SUKELLUSVENE
KUKA	VAREBIL

62 - Badezimmer

```
M D B G I V K K H M K Q O G
S A K S E T H Ö Y R Y N M D
N G T S J D A I N S B H U P
V J L T D M N D S I H U Q B
E O S Z O H A H S I E N I K
R P I M E J D A A V G S I D
J U U D F P G J I F D H O B
L U F G E E K U P L I A W C
B O V I N I Y V P L M M P F
R B O P R L L E U S N P R M
O E T Y T I P S A V Y O V T
B H W Y H R Y I M I E O D U
Q G K H G U G D Q E O S N F
D J P E S U I H K U L U I U
```

KYLPY   SIENI
KUPLIA   SAIPPUA
HÖYRY   SHAMPOO
SUIHKU   PEILI
PYYHE   MATTO
VOIDE   WC
HAJUVESI   VESI
SAKSET   HANA

63 - Musikinstrumente

```
M K T R U M P E T T I M H H
M O I C Y T D C R A V I A U
A H E T H L Q G M Y Q E B U
R U A B A N J O A B H C Q L
I I F D R R F N N U N R Y I
M L Q V P U A G D O B O E H
B U L V P I A N O Z T J R A
A G W J U R S E L L O M U R
P A S U U N A V I U L U M P
M S F A G O T T I U U N P P
R S A K S O F O N I H U U U
V W G T K L A R I N E T T I
T A M B U R I I N I F C Z P
W H P D B I Y F T V F W L R
```

BANJO
SELLO
FAGOTTI
HUILU
VIULU
KITARA
GONG
HARPPU
KLARINETTI
PIANO

MANDOLIINI
MARIMBA
HUULIHARPPU
OBOE
PASUUNA
SAKSOFONI
TAMBURIINI
RUMPU
TRUMPETTI

64 - Blumen

```
V M A G N O L I A A G W P V
G T U L P P A A N I N T Ä H
C A P I L A P U N S B O I I
L J R U U S U L W R L R V B
T A N D O C H V N F F K Ä I
P S V T E R Ä L E H T I N S
S L H E Y N Q S H V M D K C
L I U E N K I M P P U E A U
U I S M Y T F A Q I N A K S
M L L Y E W E A B T I S K E
D A V C S R J L B H K G A R
Y J A S M I I N I U K W R N
Q I G L I L J A R K O T A Q
V O I K U K K A R P I O N I
```

TERÄLEHTI   VOIKUKKA
GARDENIA   MAGNOLIA
PÄIVÄNKAKKARA   UNIKKO
HIBISCUS   ORKIDEA
JASMIINI   PIONI
APILA   PLUMERIA
LAVENTELI   RUUSU
LIILA   KIMPPU
LILJA   TULPPAANI

65 - Natur

```
P S D P I P A A V I K K O D
L I G F V H Y H H I N A J Y
K M L C V L E H T I E N O N
P E S V I L L I Ä N B V K A
O T Y N I V S J R K Q T I A
J S O E Q H E M K E K D S M
J Ä Ä T I K K Ö E N O Ö U I
L K O Q O V U V Ä Y C M M N
V A M E H I L Ä I N E N U E
S U T R O O P P I N E N U N
U N O A R K T I N E N G R V
O E T R A U H A L L I N E N
J U Y U E R O O S I O Z O B
A S W S U T E L Ä I M E T B
```

ARKTINEN	TÄRKEÄ
VUORET	SUMU
MEHILÄINEN	KAUNEUS
DYNAAMINEN	SUOJA
EROOSIO	ELÄIMET
JOKI	TROOPPINEN
RAUHALLINEN	METSÄ
JÄÄTIKKÖ	VILLI
PYHÄKKÖ	PILVI
LEHTIEN	AAVIKKO

66 - Urlaub #2

```
U K O U L U T T A A G L K R
U L U F T H A V N R I G A L
L O K K K U L J E T U S R U
K C H O T E L L I A W S T K
O A H S M P U T R K T K T F
M M R A V A P A A S I N A T
A P E A C S A F N I P Q C N
I I K R V S D L T E L T T A
N N O I I Q A A M A T K A
E G H T I N N Q T I U L U B
N N D F S A O T C L N J W D
J F E Y U R Y L O M A E D U
G G U M M M I K P L E E N W
G K U T I E K U H P A Q W T
```

ULKOMAALAINEN	MATKA
ULKOMAINEN	RAVINTOLA
CAMPING	RANTA
LUFTHAVN	TAKSI
VAPAA	KULJETUS
HOTELLI	LOMA
SAARI	VIISUMI
KARTTA	TELTTA
MERI	KOHDE
PASSI	KOULUTTAA

67 - Zirkus

```
M B A G E K I C U N S A H B
Z Q G E D S L L Z E F R K M
L T F E K B T E L T T A Z V
B A L L O N G E R E E B F B
D I N J O N G L Ö Ö R I K E
L K O Q N K T A I K U R I L
L A R T F H L E I J O N A Ä
M U S I I K K I M A C P K I
Z L U I P K A L I P P U R M
S Z B K V W T Q H I P K O E
B B M E R D P V L N L U B T
U P A R A A T I W A F A A T
Z C V I I H D Y T T Ä Ä T R
K A T S O J A Z S R G W J O
```

APINA   MUSIIKKI
AKROBAT   PARAATI
BALLONGER   ELÄIMET
NORSU   TIIKERI
LIPPU   TEMPPU
JONGLÖÖRI   VIIHDYTTÄÄ
PUKU   TAIKURI
LEIJONA   TELTTA
TAIKA   KATSOJA

68 - Barbecues

```
G  V  B  M  M  J  P  N  N  D  K  Y  P  G
I  I  H  W  W  O  N  Ä  N  S  U  M  I  A
Y  H  A  Z  S  U  O  L  A  K  U  N  P  F
K  A  S  T  I  K  E  K  A  G  M  T  P  L
I  N  V  A  J  V  B  Ä  D  R  A  W  U  E
L  N  P  E  L  I  T  G  C  Y  B  W  R  R
L  E  A  A  I  A  F  K  K  A  N  A  I  M
A  S  Q  M  J  T  A  L  O  U  N  A  S  U
L  O  S  Q  K  Y  S  T  Ä  V  Ä  G  Y  S
L  A  C  E  W  M  F  E  I  H  Q  R  P  I
I  U  P  Z  F  J  R  K  T  T  H  I  E  I
N  Q  W  S  H  E  D  E  L  M  Ä  L  R  K
E  U  Y  L  E  H  G  S  K  A  G  L  H  K
N  W  Z  F  Z  T  A  Ä  P  N  B  I  E  I
```

ILLALLINEN	LAPSET
PERHE	VEITSET
YSTÄVÄ	LOUNAS
HEDELMÄ	MUSIIKKI
GAFLER	PIPPURI
VIHANNES	SALAATIT
GRILLI	SUOLA
KUUMA	KESÄ
KANA	KASTIKE
NÄLKÄ	PELIT

69 - Küche

```
L F M Y O G A F L E R M N C
K A T T I L A A U U N I D H
G J T H V K R E S E P T I P
J A N D O N G R I L L I L F
E Ä J J M T J L K A N N U K
S S Ä K U P I T A L V C G S
I G R K U L H O T Z E C E Q
L J U L A U T A S L I I N A
I S O D K A U H A A T U B V
I I K L O Q P A K A S T I N
N E A E T A D P S H E L Z A
A N C O C G N C I B T P B P
Q I T K W M A U S T E E T B
S Y Ö M Ä P U I K O T D N E
```

RUOKA   VEITSET
SYÖMÄPUIKOT   UUNI
GAFLER   RESEPTI
PAKASTIN   ESILIINA
MAUSTEET   KULHO
GRILLI   SIENI
KAUHA   LAUTASLIINA
KANNU   KUPIT
JÄÄKAAPPI   KATTILA
LUSIKAT

70 - Schach

```
D  I  A  G  O  N  A  A  L  I  N  E  N  P
Y  J  T  T  Q  U  H  I  Z  G  H  I  U  E
B  I  P  G  K  H  J  L  C  V  I  P  S  L
N  A  E  Q  H  Y  K  T  C  P  Q  V  T  A
D  Y  L  K  U  N  I  N  G  A  T  A  R  A
S  E  I  B  E  J  L  M  U  S  U  S  A  J
A  Ä  W  G  Q  P  I  D  S  R  T  T  A
I  Y  Ä  U  H  R  A  T  A  I  N  U  E  M
K  V  G  N  M  M  I  U  U  I  A  S  G  E
A  D  T  N  N  B  L  D  J  V  U  T  I  S
M  U  S  T  A  Ö  U  D  U  I  S  A  A  T
O  P  P  I  A  T  T  K  Z  N  O  J  Y  A
K  U  N  I  N  G  A  S  K  E  W  A  K  R
V  A  L  K  O  I  N  E  N  N  P  W  S  I
```

MESTARI	MUSTA
DIAGONAALINEN	PELI
VASTUSTAJA	PELAAJA
KUNINGAS	STRATEGIA
KUNINGATAR	TURNAUS
OPPIA	VALKOINEN
UHRATA	KILPAILU
PASSIIVINEN	AIKA
SÄÄNNÖT	

71 - Erhaltung

```
T E R V E Y S S Y K L I V K
F O R U R E N S N I N G A I
T O R J U N T A A I N E P E
K T J G P S F F P A D A A R
O I L M A S T O F R H O A R
U S K P S A V I H R E Ä E Ä
L G G S U N N C W P W R H T
U L Y M P Ä R I S T Ö J T T
T Z H B P A R P N B Z Z O Ä
U V Ä H E N T Ä Ä E S V I Ä
S L U O N N O L L I N E N F
E K O S Y S T E E M I S E R
K E S T Ä V Ä M T C A I N R
K E M I K A A L I T M L R O
```

KOULUTUS	EKOSYSTEEMI
KEMIKAALIT	TORJUNTA-AINE
VAPAAEHTOINEN	KIERRÄTTÄÄ
TERVEYS	VÄHENTÄÄ
VIHREÄ	YMPÄRISTÖ
ILMASTO	FORURENSNING
KESTÄVÄ	VESI
LUONNOLLINEN	SYKLI
ORGAANINEN	

72 - Geographie

```
Y  U  B  L  F  B  T  D  B  E  G  K  P  M
O  Y  K  P  N  Q  J  B  S  Z  J  A  O  A
F  V  V  U  O  R  I  V  B  H  O  R  H  A
A  Z  H  Y  K  Q  I  M  M  V  K  T  J  N
U  U  I  F  R  K  K  Q  F  E  I  T  O  O
L  E  V  E  Y  S  A  S  T  E  R  A  I  S
M  A  A  S  S  A  T  L  A  S  H  I  N  A
E  A  K  A  U  P  U  N  K  I  A  S  E  K
M  S  A  A  R  I  L  B  H  I  L  Z  N  O
M  E  Q  I  J  L  Ä  N  S  I  V  I  P  R
B  M  S  A  L  U  E  M  O  O  K  O  K  K
V  A  L  T  A  M  E  R  I  Q  U  S  J  E
P  I  T  U  U  S  A  S  T  E  L  Y  S  U
M  E  R  I  D  I  A  A  N  I  E  J  O  S
```

ATLAS	PITUUSASTE
VUORI	MERI
LEVEYSASTE	MERIDIAANI
JOKI	POHJOINEN
HALVKULE	VALTAMERI
KORKEUS	ALUE
SAARI	KAUPUNKI
KARTTA	MAAILMA
MAANOSA	LÄNSI
MAASSA	

73 - Zahlen

```
K D E S I M A A L I M K Z K
A U U T B K H P Y A B Y J A
K U U Z G O H P H P N M H K
S J W S T L H L D K C M K S
I C Y G I M B B E Q C E U I
K O L M E E F K K S A N U K
V I I S I T O I S T A E S Y
E I S Z G O O C Ä M R N I M
Z D I I Q I N M N K V T T M
G O W S V S P E O C D S O E
W Q E Q I T J K L Y K S I N
I W I I Z A H D L J V Z S T
D K A H D E K S A N Ä V T Ä
S E I T S E M Ä N M R S A N
```

KAHDEKSAN
DESIMAALI
KOLME
KOLMETOISTA
YKSI
VIISI
VIISITOISTA
YHDEKSÄN

NOLLA
KUUSI
KUUSITOISTA
SEITSEMÄN
NELJÄ
KYMMENEN
KAKSIKYMMENTÄ
KAKSI

74 - Urlaub #1

```
H  Q  A  B  M  J  B  S  J  Ä  R  V  I  V
A  D  M  U  S  E  O  G  D  V  E  N  T  A
K  B  Y  N  T  T  U  R  I  S  T  I  U  L
L  I  P  P  U  O  K  Q  D  F  K  R  L  U
L  E  N  T  O  K  O  N  E  O  I  T  L  U
P  U  V  E  L  K  T  U  M  B  K  M  I  T
R  A  I  T  I  O  V  A  U  N  U  R  L  T
R  E  N  T  O  U  T  U  M  I  N  E  N  A
R  L  Ä  H  T  Ö  L  G  J  E  T  P  M  I
G  B  C  B  K  R  Y  Z  Y  A  A  P  A  J
M  A  T  K  A  L  A  U  K  K  U  U  T  T
S  A  T  E  E  N  V  A  R  J  O  E  K  N
Z  B  J  A  C  M  H  K  G  I  K  E  A  C
A  A  U  O  M  G  D  M  C  D  V  C  O  Y
```

LÄHTÖ	SATEENVARJO
AUTO	MATKA
RENTOUTUMINEN	REPPU
RETKIKUNTA	JÄRVI
LIPPU	RAITIOVAUNU
LENTOKONE	TURISTI
MATKALAUKKU	VALUUTTA
MUSEO	TULLI

75 - Kunst Liefert

```
S A U H T P H U L K L T H V
M Y M Q W B A F U A I U D C
E H D P Y R R E O M I O S V
M U S T E Y J O V E M L C J
I D E O I T A R U R A I E U
U P K Y N Ä T P U A S A V I
G A Ö Ö R V N A S C Q O E U
Q P G Y L E Ä K I F B D S V
Y E L V T J S R A S M A I V
F R W L C Ä Y Y I C C D G P
R I R C I P Y Y H E K U M I
M Y Y Y Y I T L E H W G B M
J Z I K D N A I Y R T R K Y
M A A L A U S T E L I N E O
```

AKRYYLI	PAPERI
KYNÄ	PYYHEKUMI
HARJAT	MAALAUSTELINE
VÄRI	TUOLI
IDEOITA	PÖYTÄ
KAMERA	MUSTE
LUOVUUS	SAVI
LIIMA	VESI
ÖLJY	

76 - Tage und Monate

```
K  H  E  L  M  I  K  U  U  O  J  N  N  T
P  E  R  J  A  N  T  A  I  K  C  N  B  O
L  I  S  K  U  U  K  A  U  S  I  K  E  A
O  N  U  K  K  A  L  E  N  T  E  R  I  F
K  Ä  N  W  I  L  A  U  A  N  T  A  I  V
A  K  N  N  M  V  T  A  M  M  I  K  U  U
K  U  U  F  A  N  I  S  V  I  I  K  K  O
U  U  N  W  R  D  W  I  Y  J  B  U  D  S
U  G  T  P  R  T  S  V  K  Y  E  U  R  I
M  A  A  N  A  N  T  A  I  K  S  Y  B  M
L  T  I  I  S  T  A  I  E  L  O  K  U  U
E  T  Q  F  K  K  E  S  Ä  K  U  U  U  L
P  L  G  U  U  E  T  O  R  S  T  A  I  U
P  K  J  O  U  L  U  K  U  U  K  P  F  Y
```

ELOKUU	KALENTERI
JOULUKUU	KESKIVIIKKO
TIISTAI	KUUKAUSI
TORSTAI	MAANANTAI
HELMIKUU	MARRASKUU
PERJANTAI	LOKAKUU
VUOSI	LAUANTAI
TAMMIKUU	SYYSKUU
HEINÄKUU	SUNNUNTAI
KESÄKUU	VIIKKO

77 - Piraten

```
S  M  K  O  M  P  A  S  S  I  M  Z  R  H
L  I  Q  A  S  E  I  K  K  A  I  L  U  W
C  E  T  F  K  L  K  Q  C  O  E  I  N  D
V  K  G  P  W  H  U  O  N  O  A  P  F  C
A  K  P  E  T  W  L  O  T  B  E  P  V  F
A  A  L  Q  N  N  T  H  L  P  L  U  Y  K
R  T  C  W  S  D  A  M  K  A  R  T  T  A
A  A  H  E  A  R  A  I  A  P  K  H  U  N
N  D  R  A  A  R  R  E  P  U  O  Z  V  K
P  H  N  P  R  A  V  H  T  K  L  I  Y  K
J  U  R  D  I  N  W  I  E  A  I  E  S  U
R  O  M  M  I  T  B  S  E  I  K  N  C  R
E  F  U  V  Y  A  B  T  N  J  O  D  T  I
T  S  E  F  U  E  D  Ö  I  A  T  P  Z  W
```

SEIKKAILU	KOMPASSI
ANKKURI	LEGENDA
MIEHISTÖ	KOLIKOT
LIPPU	ARPI
VAARA	PAPUKAIJA
KULTA	ROMMI
LUOLA	AARRE
SAARI	HUONO
KAPTEENI	MIEKKA
KARTTA	RANTA

78 - Emotionen

```
R  H  M  H  A  J  S  I  L  O  E  H  C  V
A  E  J  S  U  R  A  K  K  A  U  S  H  K
U  L  E  O  T  E  L  Ä  Q  M  A  S  J  L
H  P  E  L  K  O  B  V  S  K  Y  A  C  G
A  O  R  A  U  H  A  Y  I  I  C  U  L  L
L  T  E  J  T  L  A  S  S  I  S  U  G  W
L  U  N  I  M  Y  Ö  T  Ä  T  U  N  T  O
I  S  T  V  L  F  Z  Y  L  O  U  E  W  U
N  S  O  K  W  I  P  M  T  L  T  B  Z  M
E  G  C  B  D  R  Q  I  Ö  L  U  N  L  W
N  T  O  S  E  V  B  N  F  I  T  C  T  O
Y  L  L  Ä  T  Y  S  E  Y  N  T  W  O  Y
H  E  L  L  Y  Y  S  N  G  E  A  D  U  Y
I  N  N  O  I  S  S  A  A  N  A  Q  G  V
```

PELKO

INNOISSAAN

KIITOLLINEN

RENTO

ILO

RAUHA

SISÄLTÖ

IKÄVYSTYMINEN

RAKKAUS

HELPOTUS

RAUHALLINEN

MYÖTÄTUNTO

YLLÄTYS

SUUTUTTAA

HELLYYS

79 - Zu Füllen

```
C T E K T T C Z C K E O B A
M A Z A S A P G S A L Q D R
O S U N U K S Z R A Y J F
P U T K I W B K A T A Y N T
P Y O A T T F O U O T J Ä A
U N I N A L U S E N I E M R
R Y Y S M A L J A K K O P J
K P M I O V L K F I K O Ä O
K E I O C Z P U L L O S R T
I M A T K A L A U K K U I I
M O K I R J E K U O R I G N
T Y N N Y R I G P M Q J M U
R Q D U Q Y R O N W N E D
P A K E T T I D R A F J B U
```

ÄMPÄRI	KANSIO
TYNNYRI	PAKETTI
PULLO	PUTKI
KARTONKI	ALUS
LAATIKKO	TARJOTIN
MATKALAUKKU	TASKU
KORI	KIRJEKUORI
PURKKI	MALJAKKO

80 - Surfen

```
N R T S U O S I T T U T N V
S O A B S V A H V U U S B A
Ä S P N V A L T A M E R I A
Ä S N E T H O I Z E B D U H
O D T B U A I Y V T Q J R T
N N F S A S T Y Y L I C H O
Q Z Q R I U T T A K O H E H
K D V N L L E C A Z M Q I A
L V R Z U H L T V F Q T L U
G U K W Q G I W Y A A Z I S
J O U K K O J A T D T I J K
H Q S U M W A A L T O S A A
M E S T A R I D B Q T A A A
Ä Ä R I M M Ä I N E N A O B
```

ALOITTELIJA   RIUTTA
URHEILIJA   VAAHTO
SUOSITTU   HAUSKAA
MESTARI   VAHVUUS
ÄÄRIMMÄINEN   TYYLI
NOPEUS   RANTA
VATSA   AALTO
JOUKKOJA   SÄÄ
VALTAMERI

81 - Möbel

```
P  N  V  I  T  Y  Y  N  Y  F  H  D  H  H
E  A  E  M  Y  A  U  D  T  K  U  B  T  E
N  R  R  P  Ö  U  H  Y  L  L  Y  T  L  C
K  I  H  E  P  R  U  L  A  V  Y  U  O  L
K  I  O  I  Ö  O  N  T  M  K  L  G  Q  N
I  P  T  L  Y  O  S  N  P  T  U  O  L  I
E  P  F  I  T  D  B  N  P  V  W  S  C  C
G  U  Z  A  Ä  F  F  Z  U  L  M  P  L  U
P  M  K  I  R  J  A  H  Y  L  L  Y  Q  M
S  A  M  S  O  H  V  A  R  M  O  I  R  E
Ä  T  T  A  O  U  T  I  F  O  E  T  P  C
N  T  J  J  T  Q  B  J  R  P  M  U  W  R
K  O  G  A  A  T  M  Q  N  L  Y  D  F  D
Y  W  L  R  Y  N  O  J  A  T  U  O  L  I
```

PENKKI   HYLLYT
SÄNKY   ARMOIRE
KIRJAHYLLY   TYÖPÖYTÄ
SOHVA   NOJATUOLI
FUTON   PEILI
RIIPPUMATTO   TUOLI
TYYNY   MATTO
LAMPPU   VERHOT
PATJA

82 - Kräuterkunde

```
F  H  L  W  M  I  W  L  B  A  Y  E  J  C
E  P  K  U  L  I  N  A  A  R  I  N  E  N
N  C  D  Q  O  H  V  Z  S  D  G  R  S  R
K  H  Y  Ö  D  Y  L  L  I  N  E  N  Z  A
O  T  U  I  M  J  S  L  L  A  A  T  U  K
L  L  K  W  H  T  G  G  I  M  E  T  J  U
I  A  U  K  R  I  I  K  K  U  K  K  A  U
U  V  U  H  Y  L  Q  M  A  K  U  D  V  N
P  E  R  S  I  L  J  A  J  I  Z  G  I  A
E  N  G  I  K  I  C  O  G  A  V  I  H  J
J  T  A  I  N  E  S  O  S  A  M  P  R  J
M  E  I  R  A  M  I  K  U  K  U  I  E  Z
C  L  R  O  S  M  A  R  I  I  N  I  Ä  V
T  I  I  W  T  N  P  U  U  T  A  R  H  A
```

BASILIKA
KUKKA
TILLI
RAKUUNA
FENKOLI
PUUTARHA
MAKU
VIHREÄ
KULINAARINEN

LAVENTELI
MEIRAMI
PERSILJA
LAATU
ROSMARIINI
TIMJAMI
HYÖDYLLINEN
AINESOSA

83 - Tugenden #1

```
R  A  Z  Z  B  B  N  H  V  I  I  S  A  S
Ä  I  N  I  M  Z  Z  A  W  P  U  J  T  P
A  L  I  T  O  Q  I  U  N  O  H  Z  A  R
B  R  Y  P  E  J  H  S  D  T  Y  F  I  A
P  N  J  K  P  L  B  K  L  I  Ö  T  T  K
R  H  C  C  Ä  U  I  A  N  L  D  P  E  T
C  L  O  C  N  S  M  A  D  A  Y  U  E  I
T  E  H  O  K  A  S  A  S  S  L  H  L  S
H  U  T  E  L  I  A  S  T  G  L  D  L  K
Y  R  B  U  D  W  F  T  J  O  I  A  I  Q
V  A  A  T  I  M  A  T  O  N  N  S  N  S
Ä  F  P  F  A  M  Q  V  Q  C  E  K  E  P
Z  I  N  T  O  H  I  M  O  I  N  E  N  V
R  A  T  K  A  I  S  E  V  A  W  L  Q  Z
```

VAATIMATON   HAUSKA
TEHOKAS   TAITEELLINEN
RATKAISEVA   INTOHIMOINEN
POTILAS   UTELIAS
ANTELIAS   PRAKTISK
HYVÄ   PUHDAS
HYÖDYLLINEN   RIIPPUMATON
ÄLYKÄS   VIISAS

84 - Aktivitäten und Freizeit

```
U T M J Q H W H G J O D S R
W A S W G A A T A A R E U E
B I S K O R I P A L L O K N
O D M I M R C T U K V B E T
G E A L A A A E O A A I L O
K O A P T S M N S P E B L U
A C L A K T P N T A L B U T
L G A F U U I I O L L A S T
A Z U H S K N S K L U S P A
S A S Y T S G A S O S E C V
T Z A S A E D I E Z E B Z A
U I M A A T N D T G L A Q R
S L E N T O P A L L O L E A
N Y R K K E I L Y D A L L L
```

KALASTUS
BASEBALL
KORIPALLO
NYRKKEILY
CAMPING
OSTOKSET
RENTOUTTAVA
JALKAPALLO
MAALAUS
GOLF

HARRASTUKSET
TAIDE
MATKUSTAA
KILPA
UIMA
SUKELLUS
TENNIS
LENTOPALLO
VAELLUS

85 - Formen

```
U R Y H N U M S I D E V H E
S Q E S Y L I N T E R I Y L
U T I U T G J B F F G Z P L
O I L Y N T C F N C S K E I
R C O I B A W R M U R A R P
A P C R S A T A M Y R R B S
K Z K U L M A E E G P T E I
U M O N I K U L M I O I L R
L S L E N S O I K E A O I J
M C M L J K U U T I O E U E
I F I I A A Ä Y M P Y R Ä T
O G O Ö U A P Y R A M I D I
A W W G O R Z P R I S M A D
N G V I E I L K V Ä J L K C
```

KAARI
KOLMIO
KULMA
ELLIPSI
HYPERBELI
REUNAT
KARTIO
YMPYRÄ
KÄYRÄ
LINJA

SOIKEA
MONIKULMIO
PRISMA
PYRAMIDI
NELIÖ
SUORAKULMIO
SIDE
KUUTIO
SYLINTERI

86 - Adjektive #2

```
L  S  N  W  T  U  O  T  T  A  V  A  L  K
U  Y  Ä  O  E  V  F  U  Y  Y  A  F  U  U
O  Ö  L  K  R  C  Y  O  B  I  H  O  O  U
N  T  K  E  V  M  C  R  C  U  V  V  V  L
N  Ä  Ä  T  E  B  A  E  I  M  A  I  A  U
O  V  I  Y  K  H  O  A  Z  V  I  L  V  I
L  Ä  N  Y  A  U  N  E  L  D  L  L  K  S
L  Q  E  L  I  U  V  F  E  I  G  I  T  A
I  E  N  I  T  S  Q  A  Y  L  P  E  Ä  J
N  D  U  K  O  I  E  T  U  P  J  W  V  G
E  Y  B  Ä  S  E  Z  R  Y  S  W  O  T  Y
N  N  S  S  U  O  L  A  I  N  E  N  E  H
D  R  A  M  A  A  T  T  I  N  E  N  Y  P
V  A  S  T  U  U  L  L  I  N  E  N  B  P
```

AITO	LUONNOLLINEN
KUULUISA	UUSI
KUVAUS	NORMAALI
DRAMAATTINEN	TUOTTAVA
TYYLIKÄS	SUOLAINEN
SYÖTÄVÄ	VAHVA
TUORE	YLPEÄ
TERVE	VASTUULLINEN
NÄLKÄINEN	VILLI
LUOVA	

87 - Kleidung

```
T  O  G  W  Q  A  I  H  U  I  V  I  R  K
A  L  P  A  I  T  A  V  Y  Ö  J  N  Q  M
K  V  T  W  K  H  N  R  P  Y  J  A  M  A
K  U  H  P  L  J  Z  O  M  F  L  G  I  K
I  G  V  D  W  Q  A  N  U  B  K  K  A  Ä
E  P  C  J  B  Y  P  J  O  H  Å  H  H  S
E  P  V  N  R  B  H  B  T  A  O  N  I  I
P  H  O  U  S  U  T  A  I  M  N  P  D  N
F  U  Z  O  V  V  H  C  T  E  N  V  B  E
A  B  S  K  K  O  R  U  T  T  T  P  W  E
R  N  K  E  T  Y  O  N  D  Q  U  Z  H  T
K  H  O  N  R  K  A  U  L  A  K  O  R  U
U  M  E  K  K  O  E  S  I  L  I  I  N  A
T  Q  S  Ä  V  I  L  L  A  P  A  I  T  A
```

ARMBÅND	MEKKO
PUSERO	MUOTI
VYÖ	VILLAPAITA
KAULAKORU	HAME
KÄSINEET	HUIVI
PAITA	PYJAMA
HOUSUT	KORUT
HATTU	KENKÄ
TAKKI	ESILIINA
FARKUT	

88 - Sommer

```
I  R  A  N  T  A  L  K  N  O  J  V  V  W
D  U  F  D  Ä  U  J  O  Y  V  A  P  A  A
L  O  M  A  H  M  H  Z  W  S  L  P  S  L
I  K  W  H  T  V  U  I  L  O  T  K  E  S
C  A  M  P  I  N  G  S  S  J  Q  Ä  V  J
P  U  A  E  U  P  E  L  I  T  P  U  V  W
U  V  T  R  R  G  S  F  O  I  J  K  V  Ä
U  S  K  H  K  I  R  J  A  T  K  C  O  T
T  G  U  E  I  Q  Q  S  V  R  S  K  L  V
A  O  S  S  U  K  E  L  L  U  S  W  I  E
R  Z  T  S  A  N  D  A  A  L  I  T  J  A
H  D  A  A  R  G  P  T  O  Q  T  D  T  O
A  C  A  T  F  N  V  V  S  J  V  Z  I  M
R  E  N  T  O  U  T  U  M  I  N  E  N  J
```

KIRJAT	MERI
CAMPING	MUSIIKKI
RENTOUTUMINEN	MATKUSTAA
RUOKA	SANDAALIT
PERHE	PELIT
VAPAA	TÄHTI
ILO	RANTA
YSTÄVÄ	SUKELLUS
PUUTARHA	LOMA

89 - Farben

```
V I H R E Ä W J Q T K H M U
G A E H B J Y S S Q I A O R
F W L L P T N K M U Z R R U
Y U P K M U S T A N W M A S
M R K H O S E E P I A A N K
S A D S Y I N D I G O A S E
Y F G B I O N S L C P B S A
A I C E T A H E C R U Q I H
A E S I N I N E N I N Q P I
N Q K G N T I A D M A R F E
I V R E P M A R A S I M I T
V I O L E T T I Y O N V R V
K E L T A I N E N N E M R T
Q S M M W R Y Q O Q N O R H
```

BEIGE
SININEN
RUSKEA
FUKSIA
KELTAINEN
HARMAA
VIHREÄ
INDIGO
VIOLETTI

MAGENTA
ORANSSI
CRIMSON
PUNAINEN
MUSTA
SEEPIA
VALKOINEN
SYAANI

90 - Haus

```
S  E  I  N  Ä  H  U  O  N  E  K  A  L  U
L  S  U  K  K  U  T  U  Q  G  J  U  B  L
A  I  T  A  K  G  B  E  A  E  E  T  D  L
M  Q  S  M  M  U  Y  H  U  Y  I  O  G  A
P  F  U  Z  A  M  N  K  F  U  U  T  K  K
P  E  I  L  I  L  T  A  H  H  H  A  E  K
U  S  H  K  I  R  J  A  S  T  O  L  I  O
T  A  K  K  A  N  Ø  K  L  E  R  L  T  K
O  D  U  S  L  E  L  W  Z  F  D  I  T  A
M  A  K  U  U  H  U  O  N  E  Q  A  I  T
O  V  I  P  U  U  T  A  R  H  A  B  Ö  T
H  U  O  N  E  L  F  Z  Q  Y  S  Y  B  O
L  U  U  T  A  I  I  D  E  V  N  B  U  E
B  O  P  S  A  V  U  P  I  I  P  P  U  L
```

LUUTA	LAMPPU
KIRJASTO	HUONEKALU
KATTO	MAKUUHUONE
ULLAKKO	NØKLER
SUIHKU	SAVUPIIPPU
IKKUNA	PEILI
AUTOTALLI	OVI
PUUTARHA	SEINÄ
TAKKA	AITA
KEITTIÖ	HUONE

91 - Bauernhof #1

```
K N O V R M Y H E I N Ä O L
H O D E J I Y U K I S S A A
P E C S B P S N V P M M A N
W H V I F G M A A V A E S N
Z V U O H I Y J I K A H I O
L J F I N T U A R T T I C I
A E Q Z Y E T S I K A L S T
C S H B A V N V I E L Ä V E
G O Q M K A N A S N O I F I
W V L A Ä R K S I T U N P S
K O I R A I F I L T S E S R
G N C U F S V K R Ä O N C J
U V W T K Z U K J M F Y S B
J U R K Z W R A O I R I W G
```

MEHILÄINEN	VARIS
LANNOITE	LEHMÄ
AASI	MAA
KENTTÄ	MAATALOUS
HEINÄ	HEVONEN
HUNAJA	RIISI
KANA	SIKA
KOIRA	VESI
VASIKKA	AITA
KISSA	VUOHI

92 - Berufe #1

```
P  P  I  A  N  I  S  T  I  H  T  J  L  B
M  E  T  S  Ä  S  T  Ä  J  Ä  U  I  E  N
K  L  T  P  Q  B  H  O  I  T  A  J  A  K
U  Ä  A  D  K  A  R  T  O  G  R  A  F  I
L  I  I  P  U  T  K  I  M  I  E  S  H  R
T  N  T  M  P  P  I  S  O  U  J  C  J  J
A  L  E  U  A  S  I  A  N  A  J  A  J  A
S  Ä  I  U  N  Y  L  I  K  P  C  J  G  N
E  Ä  L  S  K  K  Z  Ä  Z  Z  M  B  E  P
P  K  I  I  K  O  O  M  Ä  G  J  T  O  I
P  Ä  J  K  I  L  V  D  Q  K  K  Z  L  T
Ä  R  A  K  I  O  Q  F  M  A  Ä  F  O  Ä
O  I  N  O  R  G  P  T  K  R  D  R  G  J
R  R  L  U  I  I  L  G  W  D  N  S  I  Ä
```

LÄÄKÄRI   HOITAJA
PANKKIIRI   TAITEILIJA
KIRJANPITÄJÄ   MUUSIKKO
GEOLOGI   PIANISTI
METSÄSTÄJÄ   PSYKOLOGI
KULTASEPPÄ   ASIANAJAJA
KARTOGRAFI   ELÄINLÄÄKÄRI
PUTKIMIES

93 - Adjektive #1

```
T Ä R K E Ä V I A T O N F K
G O T R T Q R L Y O A L M A
D N T A R E G L P H R Y I U
B N P S I O V Q A U O Z B N
Y E N K T T U F I T M B V I
F L M A T L E P S R A M A S
H L V S J U T E N Y A O L N
E I T B O Z M U L C T D T S
D N D R C P K M B L T E A Y
O E H A Z V L S A W I R V V
Z N Y U S N T T M U N N A Ä
R E H E L L I N E N E I E P
A R V O K A S E O G N P O N
T Ä Y D E L L I N E N V B Z
```

AROMAATTINEN
TUMMA
OHUT
REHELLINEN
ONNELLINEN
TAITEELLINEN
HIDAS
MODERNI

TÄYDELLINEN
VALTAVA
KAUNIS
RASKAS
SYVÄ
VIATON
ARVOKAS
TÄRKEÄ

94 - Mathematik

```
M O N I K U L M I O J P H T
S G E O M E T R I A F T A I
Y U N D E S I M A A L I L L
M A M D J U N U M E R O K A
M P V M J U S B A K L W A V
E S C O A N L V F O K Y I U
T G Ä O E N B G Y L Q H S U
R W K D P I K U L M A T I S
I V Q U E K N E L I Ö Ä J M
A E B Z N A N L H O S L A A
H J F S W S R Z A Ä A Ö D A
E K S P O N E N T T I A T V
S U O R A K U L M I O A T Y
R I N N A K K A I N E N V C
```

JAE	NELIÖ
DESIMAALI	SÄDE
KOLMIO	SUORAKULMIO
HALKAISIJA	SUMMA
EKSPONENTTI	SYMMETRIA
GEOMETRIA	KEHÄ
YHTÄLÖ	TILAVUUS
RINNAKKAINEN	KULMAT
SUUNNIKAS	NUMERO
MONIKULMIO	

95 - Messungen

```
U  Y  U  T  M  P  F  B  Q  L  Q  O  S  M
T  A  V  U  C  A  R  F  O  O  U  R  Y  I
O  I  I  U  D  I  S  F  C  M  G  V  V  N
B  U  L  M  P  N  D  S  R  A  A  U  Y  U
I  K  I  A  E  O  S  A  A  V  G  P  Y  U
F  B  T  Q  V  M  I  T  T  A  R  I  S  T
R  D  R  T  E  U  L  Y  B  T  A  T  Y  T
W  B  A  N  S  D  U  V  G  M  M  U  O  I
U  M  H  F  V  J  T  S  F  D  M  U  Y  L
U  N  T  O  N  N  I  I  C  L  A  S  T  E
C  Q  S  E  N  T  T  I  M  E  T  R  I  V
J  D  E  S  I  M  A  A  L  I  B  K  G  E
O  N  W  K  I  L  O  M  E  T  R  I  S  Y
Y  D  C  R  R  S  U  K  O  R  K  E  U  S
```

LEVEYS	MASSA
TAVU	MITTARI
DESIMAALI	MINUUTTI
PAINO	SYVYYS
ASTE	TONNI
GRAMMA	UNSSI
KORKEUS	TILAVUUS
KILOMETRI	SENTTIMETRI
PITUUS	TUUMA
LITRA	

96 - Schlösser

```
P  K  T  F  K  O  N  G  E  R  I  K  E  K
Q  G  J  Ø  P  R  I  N  S  E  S  S  A  I
U  F  I  Y  S  E  I  N  Ä  C  T  W  K  L
K  M  P  D  Y  N  A  S  T  I  A  J  S  P
M  A  P  A  N  S  L  E  M  P  I  R  E  I
I  L  T  L  L  O  H  I  K  Ä  Ä  R  M  E
E  I  R  A  D  A  H  E  V  O  N  E  N  V
K  N  Q  I  P  S  T  I  Q  W  H  D  J  A
K  N  W  U  T  U  V  S  A  Y  K  C  Z  N
A  O  K  R  E  A  L  U  I  A  R  A  B  Y
K  I  J  A  L  O  R  T  R  S  U  P  C  F
E  T  L  F  K  V  J  I  T  G  U  W  Q  I
A  U  T  O  R  N  I  P  R  I  N  S  S  I
O  S  P  A  N  S  S  A  R  I  U  I  P  J
```

LOHIKÄÄRME   PRINSSI
DYNASTIA   PRINSESSA
JALO   EMPIRE
LINNOITUS   RITARI
FØYDAL   PANSSARI
KATAPULTTI   KILPI
KONGERIKE   MIEKKA
KRUUNU   TORNI
PALATSI   SEINÄ
HEVONEN

97 - Bauernhof #2

```
M T L W V U U N T B W A S Y
A E M C Z I V I H A N N E S
I N H E D E L M Ä T A R H A
S J E I B S T J E A H K M N
S D P C L I P J E Z V F A K
I S P O N Ä P K T L T W I K
K L A T O N I A Z W I S T A
A K I R W I D S K Q I J O L
R Y M A A I L T P B A U Ä A
I P E K Q T H E D E L M Ä M
T S N T U T K L O P S A Z M
S Ä J O D Y H U H H G Ä U A
A N P R L A A M A D R F T S
L E D I V E H N Ä L M A R H
```

VILJELIJÄ   MAITO
KASTELU   HEDELMÄTARHA
MEHILÄISPESÄ   KYPSÄ
ANKKA   LAMMAS
HEDELMÄ   PAIMEN
VIHANNES   LATO
OHRA   TRAKTORI
LAAMA   VEHNÄ
KARITSA   NIITTY
MAISSI

98 - Berufe #2

```
K K E K S I J Ä E T S I V Ä
C I U A S T R O N A U T T I
P B R V Y E Q H L M T U K V
K U T U I N A Q S R O T E A
E Y U B R T U B C R I K M L
M D A T D G T T H G M I I O
L I T U A O I A R W I J S K
L Ä Ä K Ä R I R J Q T A T U
O Q O D P K H D W A T L I V
B I O L O G I U H U A H B A
P R O F E S S O R I J I D A
O P E T T A J A C I A U B J
P O L I I T I K K O U W A A
I N S I N Ö Ö R I A H W B B
```

LÄÄKÄRI   VALOKUVAAJA
ASTRONAUTTI   PUUTARHURI
BIOLOGI   KUVITTAJA
KEMISTI   INSINÖÖRI
KIRURGI   TOIMITTAJA
ETSIVÄ   OPETTAJA
KEKSIJÄ   POLIITIKKO
TUTKIJA   PROFESSORI

99 - Erforschung

```
M  K  P  Y  S  K  I  E  L  I  E  C  I  V
C  A  I  Z  M  V  A  A  R  A  T  T  M  I
O  R  T  Y  A  G  N  U  U  S  I  I  D  L
G  P  D  K  A  G  B  U  K  B  H  H  D  L
T  B  P  T  U  N  T  E  M  A  T  O  N  I
E  Q  M  I  W  S  P  G  N  C  I  J  Z  K
A  Z  K  L  A  P  T  O  I  M  I  N  T  A
V  Q  Z  A  R  K  D  A  P  P  H  N  E  Q
E  L  Ä  I  M  E  T  U  A  Y  W  L  Z  N
R  O  H  K  E  U  T  T  A  B  V  Ö  O  R
H  Z  Z  N  N  J  Ä  N  N  I  T  Y  S  K
N  Z  A  F  Q  V  R  K  P  C  H  T  B  P
U  U  P  U  M  U  S  H  O  M  Y  Ö  R  D
V  A  A  R  A  L  L  I  N  E  N  P  Y  R
```

TOIMINTA	ROHKEUTTA
JÄNNITYS	UUSI
LÖYTÖ	TILA
UUPUMUS	MATKUSTAA
KAUKAINEN	KIELI
VAARAT	ELÄIMET
VAARALLINEN	TUNTEMATON
MAA	VILLI
OPPIA	

100 - Wetter

```
E H R T P V R K S H U V S P
Q U L O O B S T U U L I A R
I R G R L K U U M I K Z T A
L R I N A O Y B U K V E E U
M I O A R M G F H E U A E H
A K W D U O M Y R S K Y N A
S A L O O N J Q I K K P K L
T A I V A S Ä Q Q I O I A L
O N J K D U Ä S T K N L A I
K I P R G U N W A O E V R N
I L M A I N E N S L N I I E
E E G K U I V U U S A S U N
T R O O P P I N E N O M I E
L Ä M P Ö T I L A P B J A Z
```

ILMAINEN
SALAMA
UKKONEN
KUIVUUS
JÄÄN
TAIVAS
HURRIKAANI
ILMASTO
MONSUUNI
SUMU

POLAR
SATEENKAARI
RAUHALLINEN
MYRSKY
LÄMPÖTILA
TORNADO
KUIVA
TROOPPINEN
TUULI
PILVI

1 - Ozean
2 - Schule #1
3 - Meditation

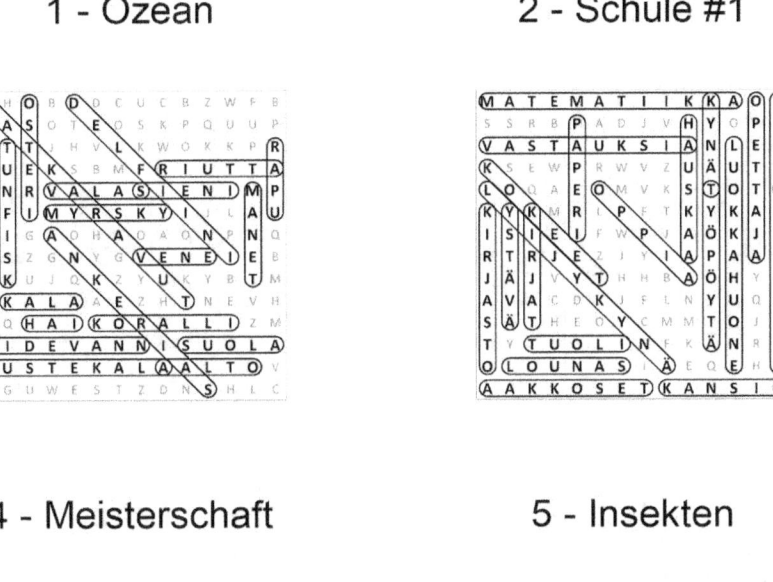

4 - Meisterschaft
5 - Insekten
6 - Dinosaurier

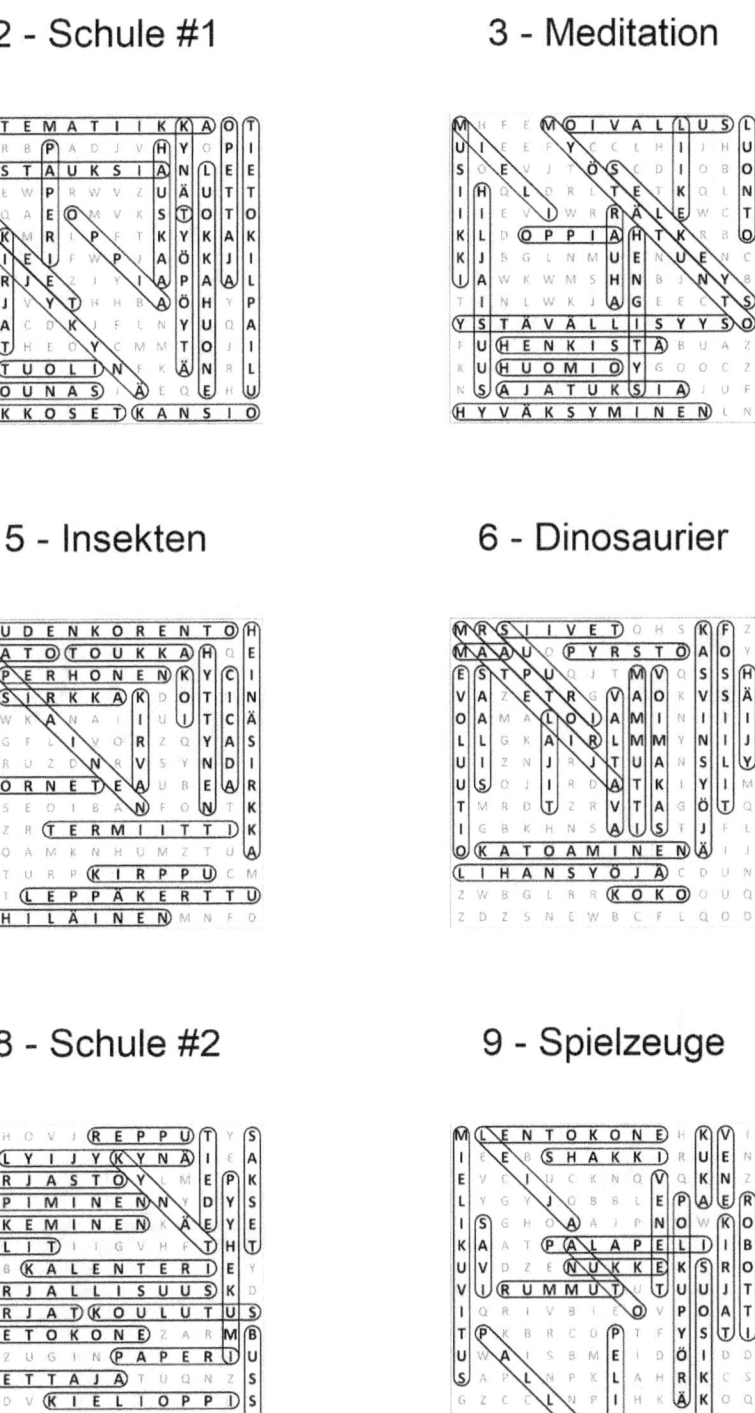

7 - Obst
8 - Schule #2
9 - Spielzeuge

10 - Camping
11 - Zeit
12 - Säugetiere

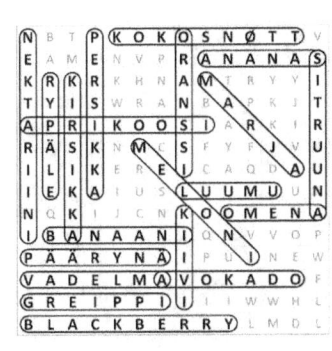
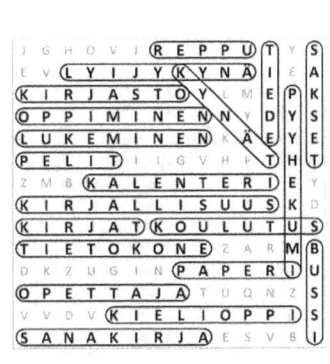
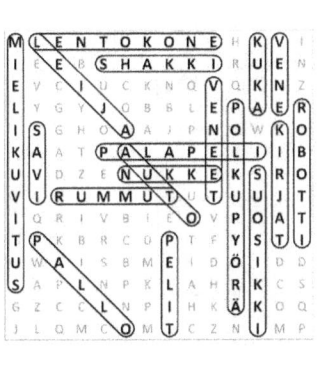
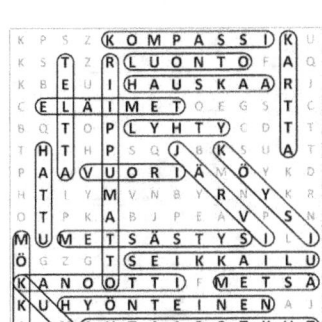
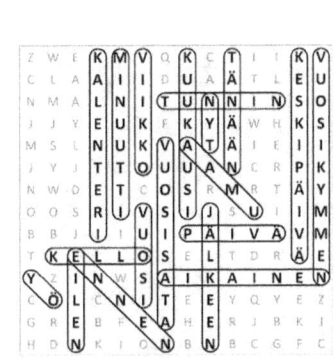
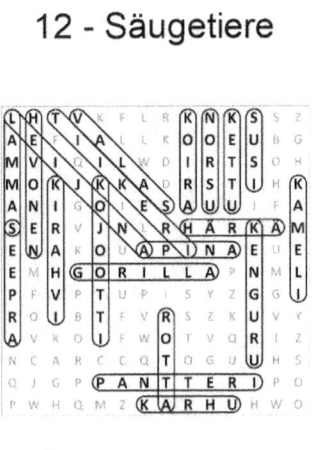

13 - Astronomie

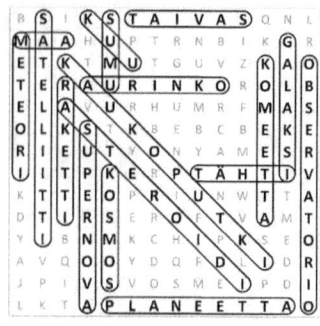

14 - Ballett

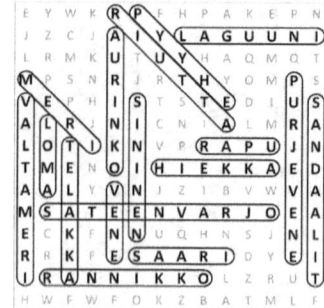

15 - Strand

16 - Restaurant #1

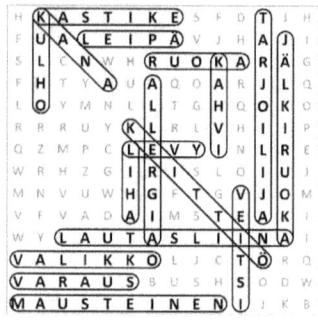

17 - Geologie

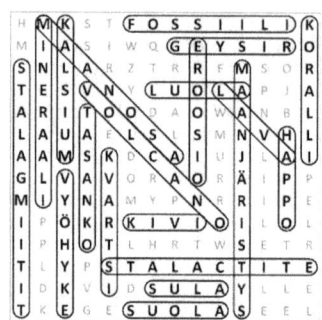

18 - Wissenschaft

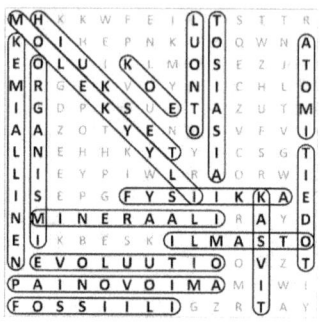

19 - Bildende Kunst

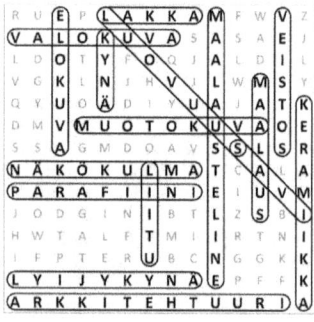

20 - Sport

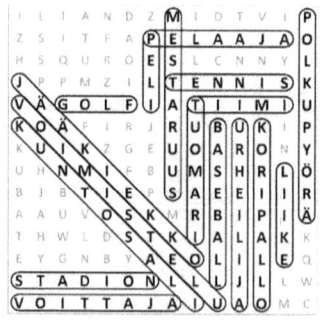

21 - Mythologie

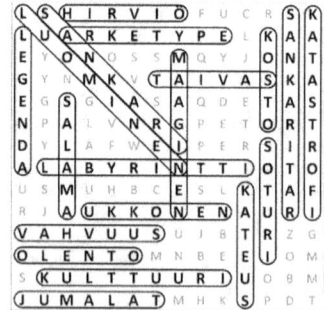

22 - Restaurant #2

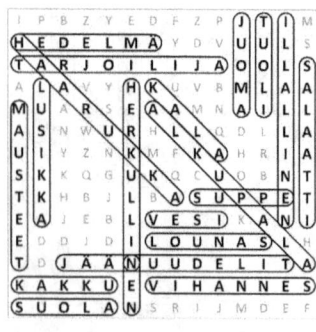

23 - Ökologie

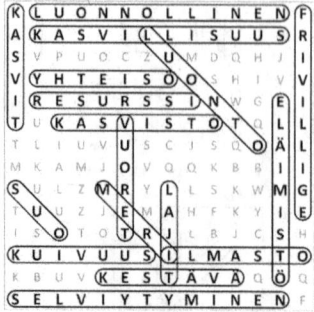

24 - Schokolade

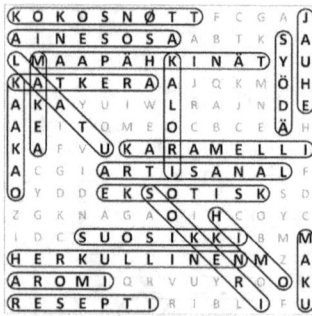

25 - Boote

26 - Stadt

27 - Aktivitäten

28 - Bienen

29 - Wissenschaftliche

30 - Vögel

31 - Garten

32 - Antarktis

33 - Fahren

34 - Bücher

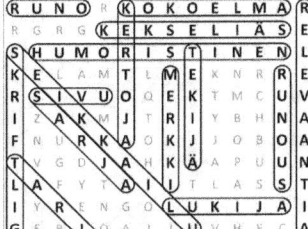

35 - Menschlicher Körper

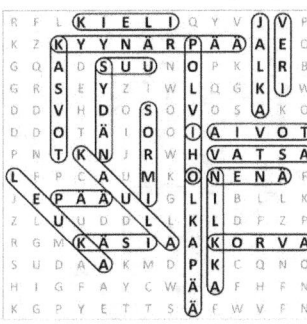

36 - Klettern

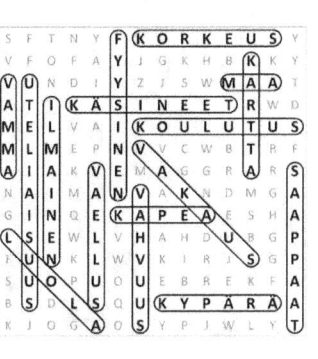

37 - Landschaften

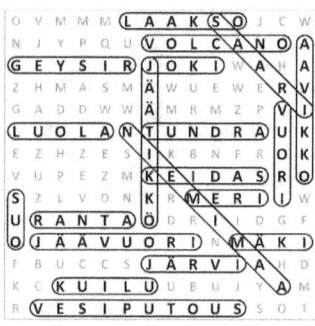

38 - Abenteuer

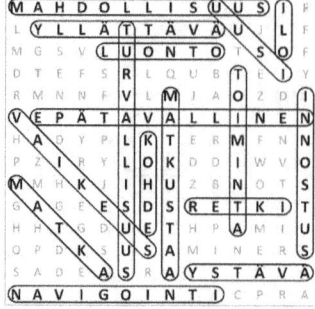

39 - Flugzeuge

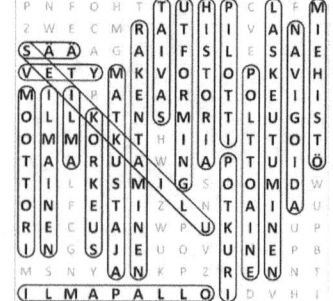

40 - Haartypen

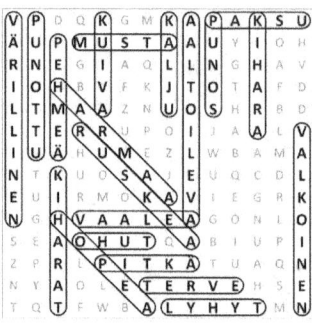

41 - Essen #1

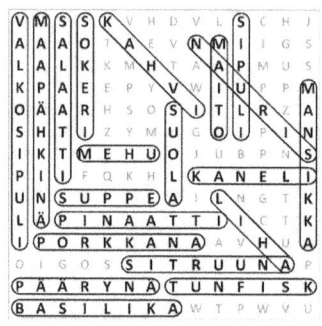

42 - Gebäude

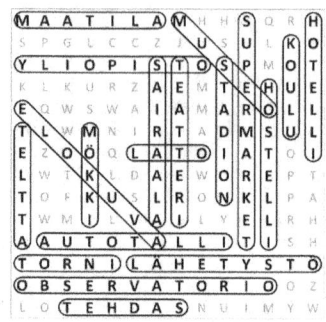

43 - Angeln

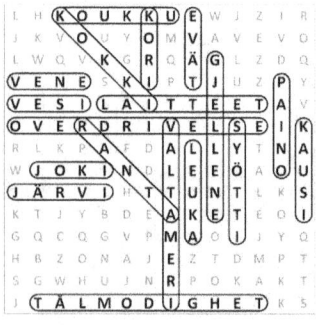

44 - Essen #2

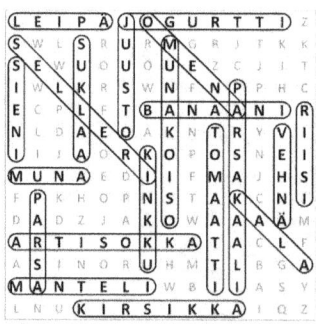

45 - Familie

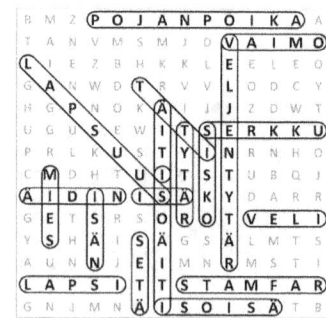

46 - Pflanzen

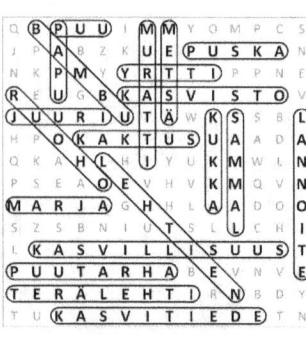

47 - Kunst

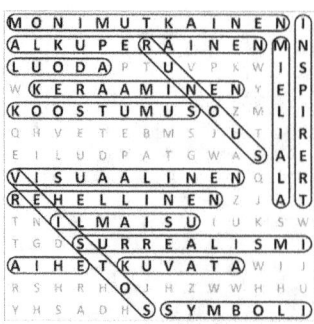

48 - Gewürze

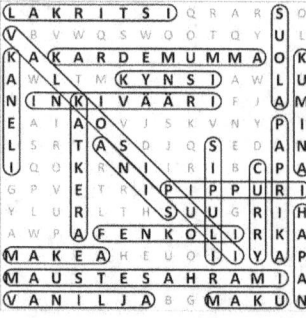

49 - Gemüse

50 - Katzen

51 - Tanzen

52 - Ernährung

53 - Technologie

54 - Wasser

55 - Science Fiction

56 - Haustiere

57 - Geburtstag

58 - Literatur

59 - Wandern

60 - Länder #2

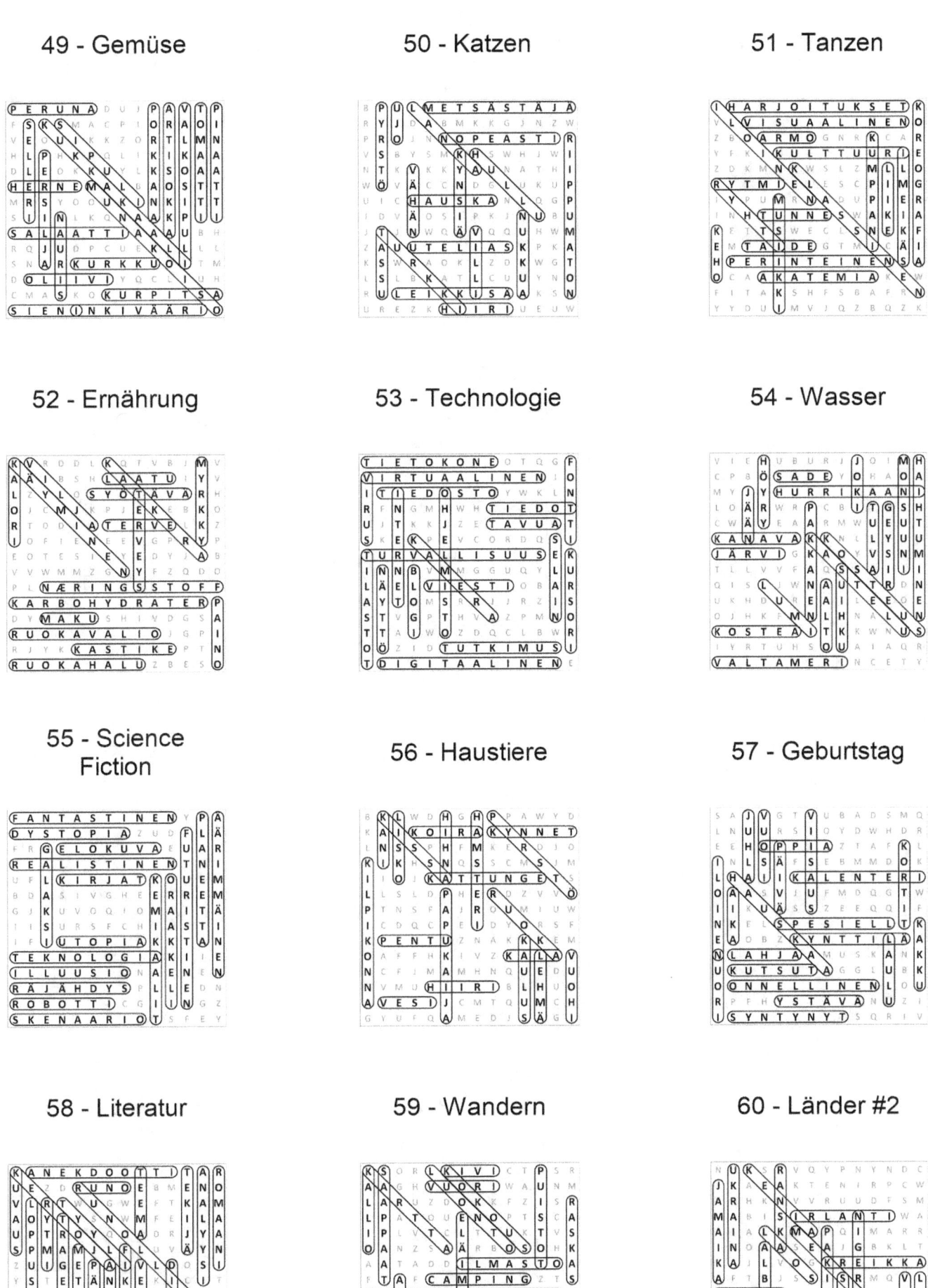

61 - Fahrzeuge

62 - Badezimmer

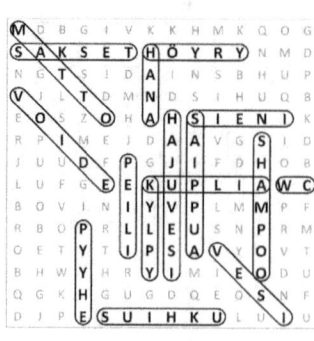

63 - Musikinstrumente

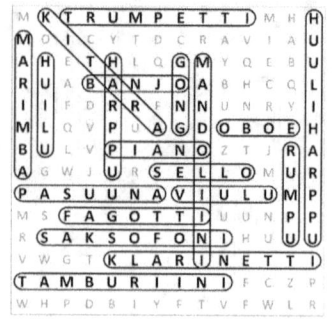

64 - Blumen

65 - Natur

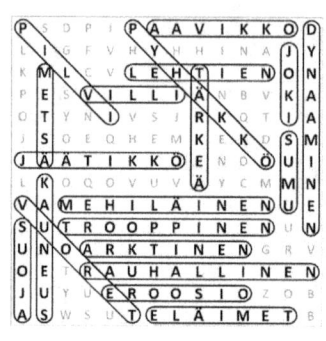

66 - Urlaub #2

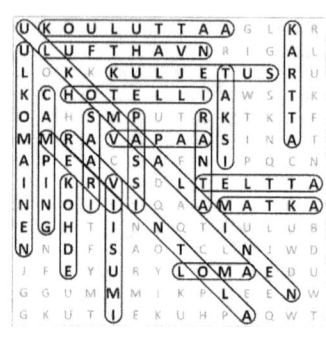

67 - Zirkus

68 - Barbecues

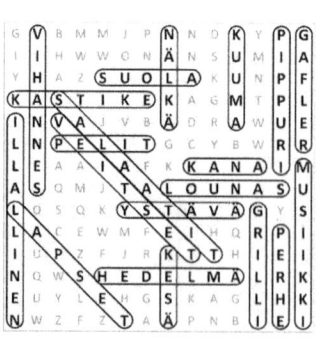

69 - Küche

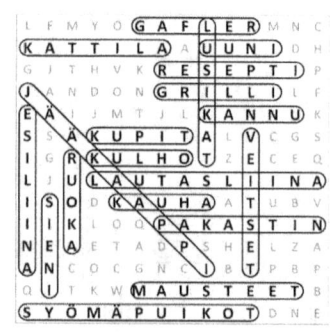

70 - Schach

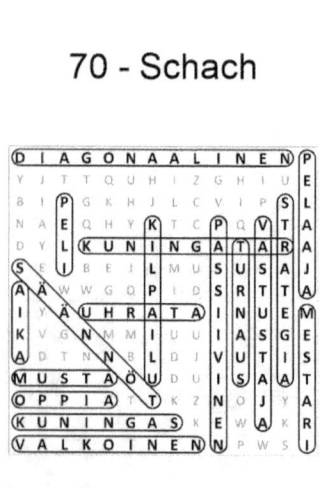

71 - Erhaltung

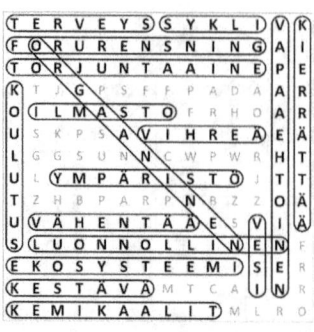

72 - Geographie

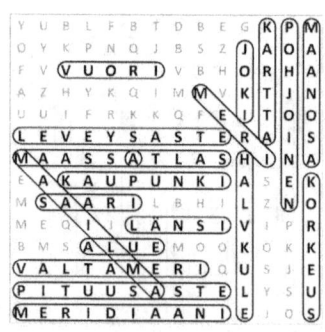

73 - Zahlen

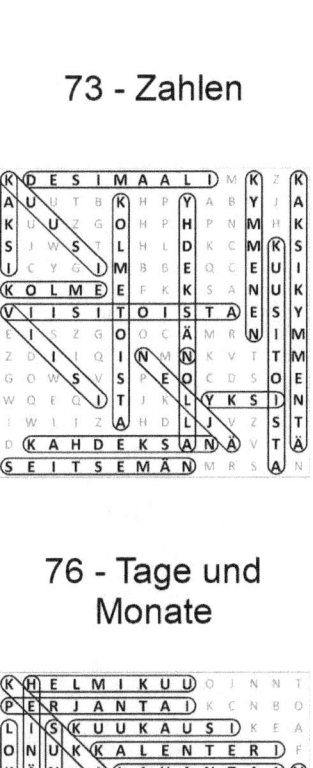

74 - Urlaub #1

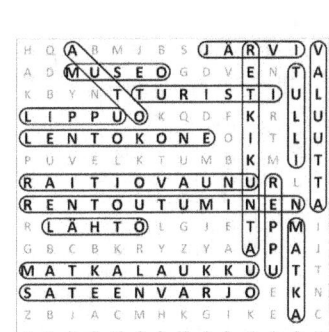

75 - Kunst Liefert

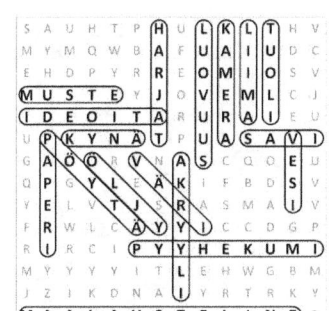

76 - Tage und Monate

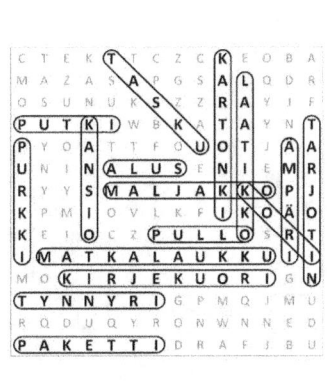

77 - Piraten

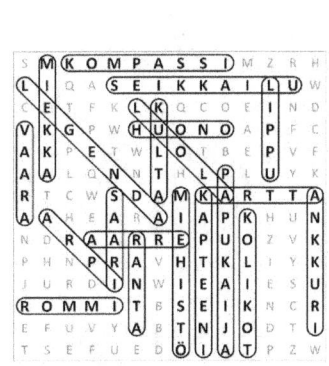

78 - Emotionen

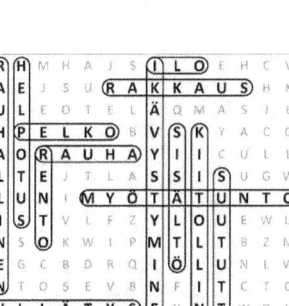

79 - Zu Füllen

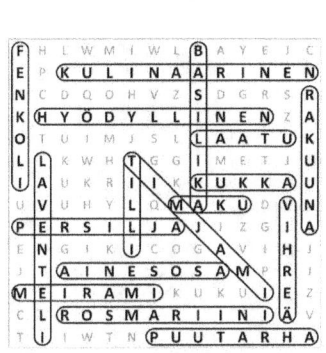

80 - Surfen

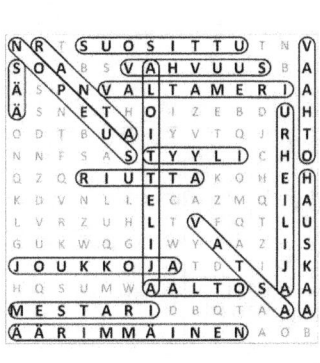

81 - Möbel

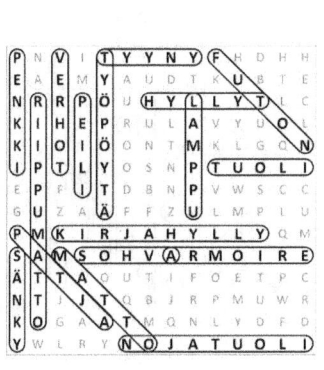
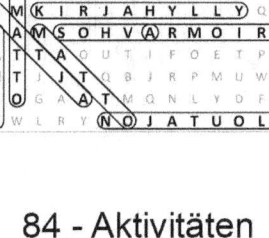

82 - Kräuterkunde

83 - Tugenden #1

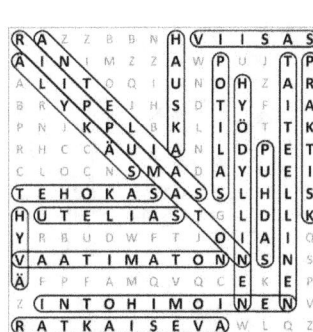

84 - Aktivitäten und Freizeit

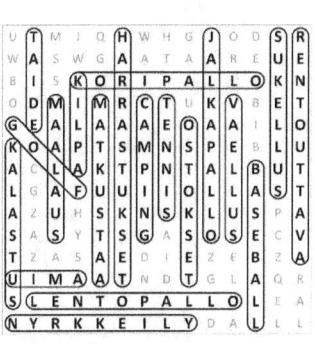

85 - Formen

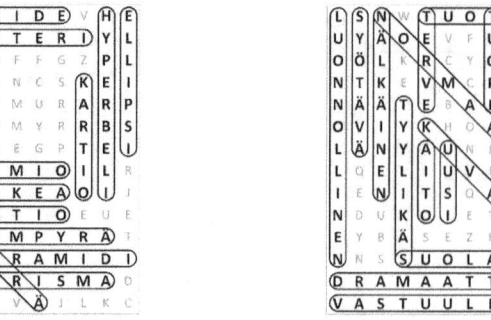

86 - Adjektive #2

87 - Kleidung

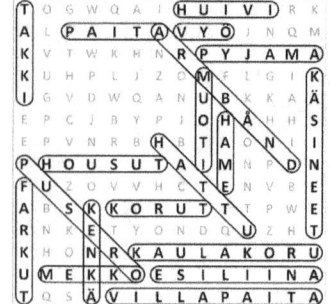

88 - Sommer

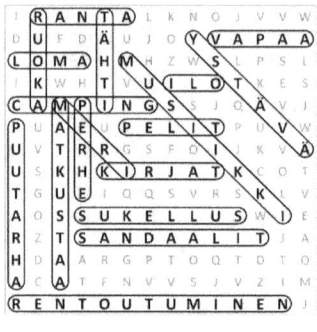

89 - Farben

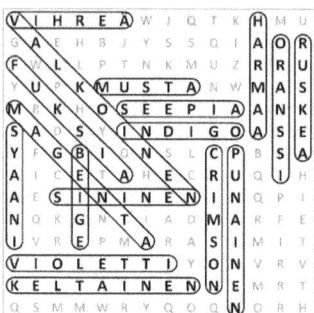

90 - Haus

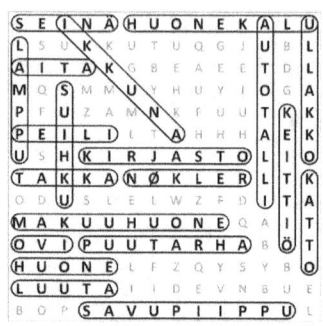

91 - Bauernhof #1

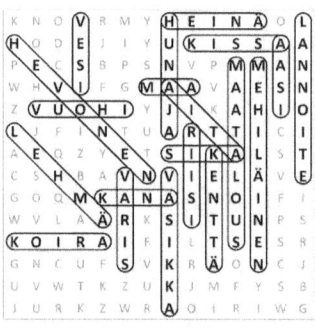

92 - Berufe #1

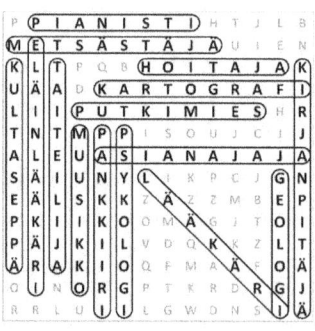

93 - Adjektive #1

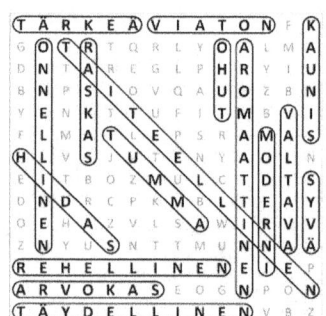

94 - Mathematik

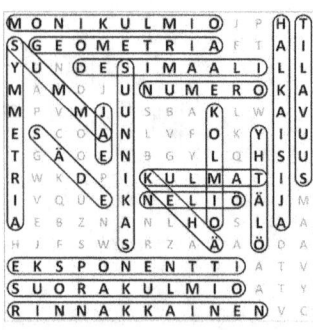

95 - Messungen

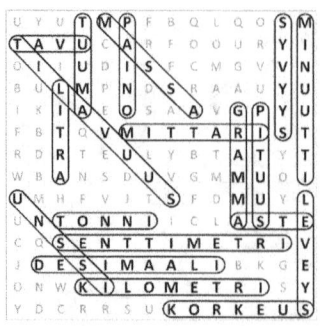

96 - Schlösser

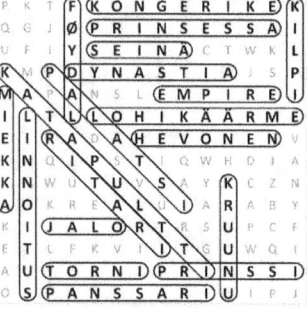

97 - Bauernhof #2

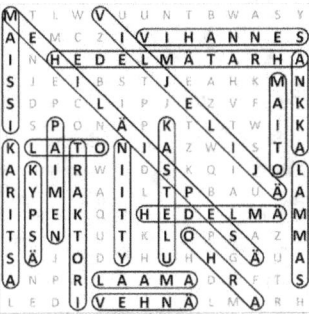

98 - Berufe #2

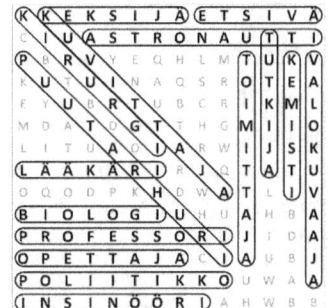

99 - Erforschung

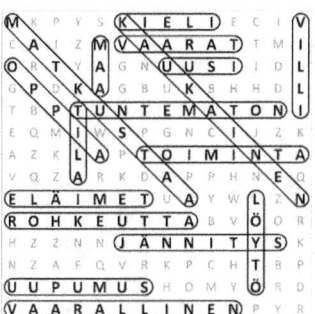

100 - Wetter

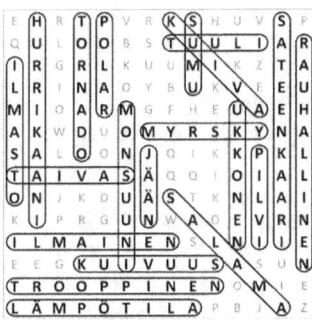

Wörterbuch

Abenteuer
Seikkailu

Aktivität	Toiminta
Ausflug	Retki
Begeisterung	Innostus
Chance	Mahdollisuus
Freude	Ilo
Freunde	Ystävä
Gefährlich	Vaarallinen
Natur	Luonto
Navigation	Navigointi
Neu	Uusi
Reisen	Matkustaa
Route	Matka
Schönheit	Kauneus
Schwierigkeit	Vaikeus
Sicherheit	Turvallisuus
Ungewöhnlich	Epätavallinen
Überraschend	Yllättävä
Ziel	Kohde

Adjektive #1
Adjektiivit #1

Absolut	Ehdoton
Aktiv	Aktiivinen
Aromatisch	Aromaattinen
Attraktiv	Viehättävä
Dunkel	Tumma
Dünn	Ohut
Ehrlich	Rehellinen
Glücklich	Onnellinen
Identisch	Identtinen
Künstlerisch	Taiteellinen
Langsam	Hidas
Modern	Moderni
Perfekt	Täydellinen
Riesig	Valtava
Schön	Kaunis
Schwer	Raskas
Tief	Syvä
Unschuldig	Viaton
Wertvoll	Arvokas
Wichtig	Tärkeä

Adjektive #2
Adjektiivit #2

Authentisch	Aito
Berühmt	Kuuluisa
Beschreibend	Kuvaus
Dramatisch	Dramaattinen
Elegant	Tyylikäs
Essbar	Syötävä
Frisch	Tuore
Gesund	Terve
Hungrig	Nälkäinen
Kreativ	Luova
Natürlich	Luonnollinen
Neu	Uusi
Normal	Normaali
Produktiv	Tuottava
Salzig	Suolainen
Stark	Vahva
Stolz	Ylpeä
Verantwortlich	Vastuullinen
Wild	Villi
Würzig	Mausteinen

Aktivitäten
Toiminta

Aktivität	Toiminta
Angeln	Kalastus
Camping	Camping
Entspannung	Rentoutuminen
Fähigkeit	Taito
Fotografie	Valokuvaus
Freizeit	Vapaa
Gemälde	Maalaus
Interessen	Etu
Jagd	Metsästys
Keramik	Keramiikka
Kunst	Taide
Kunsthandwerk	Veneet
Lesen	Lukeminen
Magie	Taika
Nähen	Ompelu
Spiele	Pelit
Vergnügen	Ilo
Wandern	Vaellus

Aktivitäten und Freizeit
Toiminta ja Vapaa-Aika

Angeln	Kalastus
Baseball	Baseball
Basketball	Koripallo
Boxen	Nyrkkeily
Camping	Camping
Einkaufen	Ostokset
Entspannend	Rentouttava
Fussball	Jalkapallo
Gemälde	Maalaus
Golf	Golf
Hobbies	Harrastukset
Kunst	Taide
Reise	Matkustaa
Rennen	Kilpa
Schwimmen	Uima
Surfen	Lainelautailu
Tauchen	Sukellus
Tennis	Tennis
Volleyball	Lentopallo
Wandern	Vaellus

Angeln
Kalastus

Ausrüstung	Laitteet
Boot	Vene
Flossen	Evät
Fluss	Joki
Geduld	Tålmodighet
Gewicht	Paino
Haken	Koukku
Jahreszeit	Kausi
Kiefer	Leuka
Kiemen	Gjellene
Kochen	Kokki
Korb	Kori
Köder	Syötti
Ozean	Valtameri
See	Järvi
Strand	Ranta
Übertreibung	Overdrivelse
Wasser	Vesi

Antarktis
Antarktis

Bucht	Lahti
Eis	Jään
Erhaltung	Säilyttäminen
Expedition	Retkikunta
Felsig	Kivinen
Forscher	Tutkija
Geographie	Maantiede
Gletscher	Isbreer
Halbinsel	Niemimaa
Kontinent	Maanosa
Migration	Muutto
Mineralien	Mineraali
Temperatur	Lämpötila
Topographie	Topografia
Umwelt	Ympäristö
Vögel	Lintu
Wasser	Vesi
Wetter	Sää
Wind	Tuulet
Wissenschaftlich	Tieteellinen

Astronomie
Tähtitiede

Asteroid	Asteroidi
Astronaut	Astronautti
Erde	Maa
Galaxie	Galaksi
Himmel	Taivas
Komet	Komeetta
Konstellation	Tähdistö
Kosmos	Kosmos
Meteor	Meteori
Mond	Kuu
Nebel	Sumu
Observatorium	Observatorio
Planet	Planeeta
Rakete	Raketti
Satellit	Satelliitti
Sonne	Aurinko
Stern	Tähti
Supernova	Supernova
Teleskop	Kaukoputki
Tierkreis	Zodiakki

Badezimmer
Kylpyhuone

Bad	Kylpy
Blasen	Kuplia
Dampf	Höyry
Dusche	Suihku
Handtuch	Pyyhe
Lotion	Voide
Parfüm	Hajuvesi
Schere	Sakset
Schwamm	Sieni
Seife	Saippua
Shampoo	Shampoo
Spiegel	Peili
Teppich	Matto
Toilette	Wc
Wasser	Vesi
Wasserhahn	Hana

Ballett
Baletti

Ausdrucksvoll	Ilmeikäs
Ballerina	Ballerina
Choreographie	Koreografia
Fähigkeit	Taito
Geste	Ele
Intensität	Intensiteetti
Komponist	Säveltäjä
Künstlerisch	Taiteellinen
Musik	Musiikki
Muskel	Lihakset
Orchester	Orkesteri
Praxis	Harjoitella
Probe	Harjoitukset
Publikum	Yleisö
Rhythmus	Rytmi
Stil	Tyyli
Tänzer	Tanssijat
Technik	Tekniikka

Barbecues
Grilli

Abendessen	Illallinen
Familie	Perhe
Freunde	Ystävä
Frucht	Hedelmä
Gabeln	Gafler
Gemüse	Vihannes
Grill	Grilli
Heiss	Kuuma
Huhn	Kana
Hunger	Nälkä
Kinder	Lapset
Messer	Veitset
Mittagessen	Lounas
Musik	Musiikki
Pfeffer	Pippuri
Salate	Salaatit
Salz	Suola
Sommer	Kesä
Sosse	Kastike
Spiele	Pelit

Bauernhof #1
Maatila nro 1

Biene	Mehiläinen
Dünger	Lannoite
Esel	Aasi
Feld	Kenttä
Heu	Heinä
Honig	Hunaja
Huhn	Kana
Hund	Koira
Kalb	Vasikka
Katze	Kissa
Krähe	Varis
Kuh	Lehmä
Land	Maa
Landwirtschaft	Maatalous
Pferd	Hevonen
Reis	Riisi
Schwein	Sika
Wasser	Vesi
Zaun	Aita
Ziege	Vuohi

Bauernhof #2
Maatila # 2

Bauer	Viljelijä
Bewässerung	Kastelu
Bienenstock	Mehiläispesä
Ente	Ankka
Frucht	Hedelmä
Gemüse	Vihannes
Gerste	Ohra
Lama	Laama
Lamm	Karitsa
Mais	Maissi
Milch	Maito
Obstgarten	Hedelmätarha
Reif	Kypsä
Schaf	Lammas
Schäfer	Paimen
Scheune	Lato
Traktor	Traktori
Weizen	Vehnä
Wiese	Niitty
Windmühle	Tuulimylly

Berufe #1
Ammatit nro 1

Arzt	Lääkäri
Bankier	Pankkiiri
Buchhalter	Kirjanpitäjä
Editor	Redaktør
Geologe	Geologi
Jäger	Metsästäjä
Juwelier	Kultaseppä
Kartograph	Kartografi
Klempner	Putkimies
Krankenschwester	Hoitaja
Künstler	Taiteilija
Mechaniker	Mekaanikko
Musiker	Muusikko
Pianist	Pianisti
Psychologe	Psykologi
Rechtsanwalt	Asianajaja
Schneider	Räätälöidä
Tänzer	Tanssija
Tierarzt	Eläinlääkäri
Trainer	Valmentaja

Berufe #2
Ammatit #2

Arzt	Lääkäri
Astronaut	Astronautti
Biologe	Biologi
Chemiker	Kemisti
Chirurg	Kirurgi
Detektiv	Etsivä
Erfinder	Keksijä
Forscher	Tutkija
Fotograf	Valokuvaaja
Gärtner	Puutarhuri
Illustrator	Kuvittaja
Ingenieur	Insinööri
Journalist	Toimittaja
Lehrer	Opettaja
Maler	Taidemaalari
Philosoph	Filosofi
Pilot	Pilotti
Politiker	Poliitikko
Professor	Professori
Zahnarzt	Hammaslääkäri

Bienen
Mehiläiset

Bestäuber	Pollinator
Bienenkorb	Pesä
Blumen	Kukat
Blüte	Kukka
Essen	Ruoka
Flügel	Siivet
Frucht	Hedelmä
Garten	Puutarha
Honig	Hunaja
Insekt	Hyönteinen
Königin	Kuningatar
Ökosystem	Ekosysteemi
Pflanzen	Kasvit
Pollen	Siitepöly
Rauch	Savu
Schwarm	Parvi
Sonne	Aurinko
Vorteilhaft	Hyödyllinen
Wachs	Parafiini

Bildende Kunst
Kuvataide

Architektur	Arkkitehtuuri
Bleistift	Lyijykynä
Film	Elokuva
Foto	Valokuva
Gemälde	Maalaus
Keramik	Keramiikka
Kreativität	Luovuus
Kreide	Liitu
Künstler	Taiteilija
Lack	Lakka
Meisterwerk	Mestariteos
Perspektive	Näkökulma
Porträt	Muotokuva
Skulptur	Veistos
Staffelei	Maalausteline
Stift	Kynä
Ton	Savi
Wachs	Parafiini
Zusammensetzung	Koostumus

Blumen
Kukkia

Blütenblatt	Terälehti
Gardenie	Gardenia
Gänseblümchen	Päivänkakkara
Hibiskus	Hibiscus
Jasmin	Jasmiini
Klee	Apila
Lavendel	Laventeli
Lila	Liila
Lilie	Lilja
Löwenzahn	Voikukka
Magnolie	Magnolia
Mohn	Unikko
Orchidee	Orkidea
Pfingstrose	Pioni
Plumeria	Plumeria
Rose	Ruusu
Sonnenblume	Auringonkukka
Strauss	Kimppu
Tulpe	Tulppaani

Boote
Veneitä

Anker	Ankkuri
Boje	Poiju
Crew	Miehistö
Dock	Telakka
Fähre	Lautta
Fluss	Joki
Kajak	Kajakk
Kanu	Kanootti
Mast	Masto
Meer	Meri
Motor	Moottori
Ozean	Valtameri
Rettungsboot	Pelastusvene
See	Järvi
Seemann	Merimies
Segelboot	Purjevene
Seil	Köysi
Tide	Vuorovesi
Wellen	Aalto
Yacht	Jahti

Bücher
Kirjat

Abenteuer	Seikkailu
Autor	Tekijä
Charakter	Merkki
Dualität	Kaksinaisuus
Episch	Eeppinen
Erfinderisch	Kekseliäs
Erzähler	Kertoja
Gedicht	Runo
Geschichte	Tarina
Geschrieben	Skriftlig
Humorvoll	Humoristinen
Kollektion	Kokoelma
Kontext	Konteksti
Leser	Lukija
Poesie	Runous
Relevant	Relevaantia
Roman	Romaani
Seite	Sivu
Serie	Sarja
Tragisch	Traaginen

Camping
Telttailu

Abenteuer	Seikkailu
Berg	Vuori
Feuer	Antaa Potkut
Hängematte	Riippumatto
Hut	Hattu
Insekt	Hyönteinen
Jagd	Metsästys
Kabine	Mökki
Kanu	Kanootti
Karte	Kartta
Kompass	Kompassi
Laterne	Lyhty
Mond	Kuu
Natur	Luonto
See	Järvi
Seil	Köysi
Spass	Hauskaa
Tiere	Eläimet
Wald	Metsä
Zelt	Teltta

Dinosaurier
Dinosaurus

Art	Lajit
Beute	Saalis
Bösartig	Häijy
Enorm	Valtava
Erde	Maa
Evolution	Evoluutio
Fleischfresser	Lihansyöjä
Flügel	Siivet
Fossilien	Fossiilit
Gross	Suuri
Grösse	Koko
Leistungsstark	Voimakas
Mammut	Mammutti
Pflanzenfresser	Kasvinsyöjä
Raubvogel	Raptor
Reptil	Matelija
Schwanz	Pyrstö
Verschwinden	Katoaminen

Emotionen
Tunteita

Angst	Pelko
Aufgeregt	Innoissaan
Dankbar	Kiitollinen
Entspannt	Rento
Freude	Ilo
Freundlichkeit	Ystävällisyys
Frieden	Rauha
Inhalt	Sisältö
Langeweile	Ikävystyminen
Liebe	Rakkaus
Relief	Helpotus
Ruhe	Rauhallisuus
Ruhig	Rauhallinen
Sympathie	Myötätunto
Traurigkeit	Surullisuus
Überraschen	Yllätys
Wut	Suututtaa
Zärtlichkeit	Hellyys
Zufrieden	Tyytyväinen

Erforschung
Tutkimus

Aktivität	Toiminta
Aufregung	Jännitys
Entdeckung	Löytö
Entschlossenheit	Päättäväisyys
Erschöpfung	Uupumus
Fern	Kaukainen
Gefahren	Vaarat
Gefährlich	Vaarallinen
Gelände	Maa
Lernen	Oppia
Mut	Rohkeutta
Neu	Uusi
Raum	Tila
Reise	Matkustaa
Sprache	Kieli
Tiere	Eläimet
Unbekannt	Tuntematon
Wild	Villi

Erhaltung
Säilyttäminen

Bildung	Koulutus
Chemikalien	Kemikaalit
Freiwillige	Vapaaehtoinen
Gesundheit	Terveys
Grün	Vihreä
Klima	Ilmasto
Nachhaltig	Kestävä
Natürlich	Luonnollinen
Organisch	Orgaaninen
Ökosystem	Ekosysteemi
Pestizid	Torjunta-Aine
Recyceln	Kierrättää
Reduzieren	Vähentää
Umwelt	Ympäristö
Verschmutzung	Forurensning
Wasser	Vesi
Zyklus	Sykli

Ernährung
Ravitsemus

Appetit	Ruokahalu
Ausgewogen	Tasapainoinen
Bitter	Katkera
Diät	Ruokavalio
Essbar	Syötävä
Fermentation	Käyminen
Geschmack	Maku
Gesund	Terve
Gesundheit	Terveys
Getreide	Vilja
Gewicht	Paino
Kalorien	Kalori
Kohlenhydrate	Karbohydrater
Nährstoff	Næringsstoff
Proteine	Proteiini
Qualität	Laatu
Sosse	Kastike
Toxin	Myrkky
Verdauung	Ruoansulatus
Vitamin	Vitamiini

Essen #1
Ruoka #1

Basilikum	Basilika
Birne	Päärynä
Erdbeere	Mansikka
Erdnuss	Maapähkinä
Fleisch	Liha
Kaffee	Kahvi
Karotte	Porkkana
Knoblauch	Valkosipuli
Milch	Maito
Rübe	Nauris
Saft	Mehu
Salat	Salaatti
Salz	Suola
Spinat	Pinaatti
Suppe	Suppe
Thunfisch	Tunfisk
Zimt	Kaneli
Zitrone	Sitruuna
Zucker	Sokeri
Zwiebel	Sipuli

Essen #2
Ruoka #2

Apfel	Omena
Artischocke	Artisokka
Aubergine	Munakoiso
Banane	Banaani
Brokkoli	Parsakaali
Brot	Leipä
Ei	Muna
Fisch	Kala
Joghurt	Jogurtti
Käse	Juusto
Kirsche	Kirsikka
Mandel	Manteli
Pilz	Sieni
Reis	Riisi
Schinken	Kinkku
Schokolade	Suklaa
Sellerie	Selleri
Spargel	Parsa
Tomate	Tomaatti
Weizen	Vehnä

Fahren
Ajo

Auto	Auto
Bremsen	Jarrut
Brennstoff	Polttoaine
Bus	Bussi
Garage	Autotalli
Gas	Kaasu
Gefahr	Vaara
Geschwindigkeit	Nopeus
Karte	Kartta
Lizenz	Lisenssi
Lkw	Kuka
Motor	Moottori
Motorrad	Moottoripyörä
Polizei	Poliisi
Sicherheit	Turvallisuus
Transport	Kuljetus
Tunnel	Tunneli
Unfall	Onnettomuus
Verkehr	Liikenne
Vorsicht	Varoitus

Fahrzeuge
Ajoneuvot

Auto	Auto
Boot	Vene
Bus	Bussi
Fahrrad	Polkupyörä
Fähre	Lautta
Flugzeug	Lentokone
Hubschrauber	Helikopteri
Krankenwagen	Ambulanssi
Lkw	Kuka
Motor	Moottori
Rakete	Raketti
Reifen	Renkaat
Roller	Scooter
Taxi	Taksi
Traktor	Traktori
U-Bahn	Metro
U-Boot	Sukellusvene
Van	Varebil
Zug	Kouluttaa

Familie
Perhe

Bruder	Veli
Ehefrau	Vaimo
Ehemann	Mies
Enkel	Pojanpoika
Grossmutter	Isoäiti
Grossvater	Isoisä
Kind	Lapsi
Kindheit	Lapsuus
Mutter	Äiti
Mütterlich	Äidin
Neffe	Veljenpoika
Nichte	Veljentytär
Onkel	Setä
Schwester	Sisko
Tante	Täti
Tochter	Tytär
Vater	Isä
Väterlich	Isän
Vetter	Serkku
Vorfahr	Stamfar

Farben
Värit

Beige	Beige
Blau	Sininen
Braun	Ruskea
Fuchsie	Fuksia
Gelb	Keltainen
Grau	Harmaa
Grün	Vihreä
Indigo	Indigo
Lila	Violetti
Magenta	Magenta
Orange	Oranssi
Purpur	Crimson
Rot	Punainen
Schwarz	Musta
Sepia	Seepia
Weiss	Valkoinen
Zyan	Syaani

Flugzeuge
Lentokone

Abenteuer	Seikkailu
Abstieg	Laskeutuminen
Atmosphäre	Ilmainen
Ballon	Ilmapallo
Brennstoff	Polttoaine
Crew	Miehistö
Design	Utforming
Geschichte	Historia
Himmel	Taivas
Höhe	Korkeus
Konstruktion	Rakentaminen
Luft	Ilma
Motor	Moottori
Navigieren	Navigoida
Passagier	Matkustaja
Pilot	Pilotti
Propeller	Potkuri
Turbulenz	Turbulenssi
Wasserstoff	Vety
Wetter	Sää

Formen
Muodot

Bogen	Kaari
Dreieck	Kolmio
Ecke	Kulma
Ellipse	Ellipsi
Hyperbel	Hyperbeli
Kanten	Reunat
Kegel	Kartio
Kreis	Ympyrä
Kurve	Käyrä
Linie	Linja
Oval	Soikea
Polygon	Monikulmio
Prisma	Prisma
Pyramide	Pyramidi
Quadrat	Neliö
Rechteck	Suorakulmio
Seite	Side
Würfel	Kuutio
Zylinder	Sylinteri

Garten
Puutarha

Bank	Penkki
Baum	Puu
Blume	Kukka
Boden	Maaperä
Busch	Puska
Garage	Autotalli
Garten	Puutarha
Gras	Ruoho
Hängematte	Riippumatto
Obstgarten	Hedelmätarha
Rasen	Nurmikko
Rechen	Rake
Schaufel	Lapio
Schlauch	Letku
Teich	Lampi
Terrasse	Terassi
Trampolin	Trampoliini
Unkraut	Ugress
Veranda	Kuisti
Zaun	Aita

Gebäude
Rakennukset

Bauernhof	Maatila
Botschaft	Lähetystö
Fabrik	Tehdas
Garage	Autotalli
Herberge	Hostelli
Hotel	Hotelli
Kabine	Mökki
Kino	Elokuva
Krankenhaus	Sairaala
Labor	Laboratorio
Museum	Museo
Observatorium	Observatorio
Scheune	Lato
Schule	Koulu
Stadion	Stadion
Supermarkt	Supermarket
Theater	Teatteri
Turm	Torni
Universität	Yliopisto
Zelt	Teltta

Geburtstag
Syntymäpäivä

Einladungen	Kutsut
Feier	Juhla
Freudig	Iloinen
Freunde	Ystävä
Geboren	Syntynyt
Geschenk	Lahja
Glücklich	Onnellinen
Jahr	Vuosi
Jung	Nuori
Kalender	Kalenteri
Karten	Kortit
Kerzen	Kynttilä
Kuchen	Kakku
Lernen	Oppia
Lied	Laulu
Spass	Hauskaa
Spezial	Spesiell
Tag	Päivä
Weisheit	Viisaus
Zeit	Aika

Gemüse
Vihannekset

Artischocke	Artisokka
Aubergine	Munakoiso
Blumenkohl	Kukkakaali
Brokkoli	Parsakaali
Erbse	Herne
Gurke	Kurkku
Ingwer	Inkivääri
Karotte	Porkkana
Kartoffel	Peruna
Knoblauch	Valkosipuli
Kürbis	Kurpitsa
Olive	Oliivi
Petersilie	Persilja
Pilz	Sieni
Rübe	Nauris
Salat	Salaatti
Sellerie	Selleri
Spinat	Pinaatti
Tomate	Tomaatti
Zwiebel	Sipuli

Geographie
Maantiede

Atlas	Atlas
Äquator	Päiväntasaaja
Berg	Vuori
Breite	Leveysaste
Fluss	Joki
Hemisphäre	Halvkule
Höhe	Korkeus
Insel	Saari
Karte	Kartta
Kontinent	Maanosa
Land	Maassa
Längengrad	Pituusaste
Meer	Meri
Meridian	Meridiaani
Norden	Pohjoinen
Ozean	Valtameri
Region	Alue
Stadt	Kaupunki
Welt	Maailma
West	Länsi

Geologie
Geologia

Erdbeben	Maanjäristys
Erosion	Eroosio
Fossil	Fossiili
Geschmolzen	Sula
Geysir	Geysir
Höhle	Luola
Kalzium	Kalsium
Kontinent	Maanosa
Koralle	Koralli
Lava	Lava
Mineralien	Mineraali
Plateau	Tasanko
Quarz	Kvartsi
Salz	Suola
Säure	Happo
Stalagmiten	Stalagmiitit
Stalaktit	Stalactite
Stein	Kivi
Vulkan	Volcano
Zone	Vyöhyke

Gewürze
Mausteita

Anis	Anis
Bitter	Katkera
Curry	Curry
Fenchel	Fenkoli
Geschmack	Maku
Ingwer	Inkivääri
Kardamom	Kardemumma
Knoblauch	Valkosipuli
Kreuzkümmel	Kumina
Lakritze	Lakritsi
Nelke	Kynsi
Paprika	Paprika
Pfeffer	Pippuri
Safran	Maustesahrami
Salz	Suola
Sauer	Hapan
Süss	Makea
Vanille	Vanilja
Zimt	Kaneli
Zwiebel	Sipuli

Haartypen
Hiusten Tyypit

Blond	Vaalea
Braun	Ruskea
Dick	Paksu
Dünn	Ohut
Farbig	Värillinen
Geflochten	Punottu
Gesund	Terve
Grau	Harmaa
Kahl	Kalju
Kurz	Lyhyt
Lang	Pitkä
Locken	Kiharat
Lockig	Kihara
Schwarz	Musta
Silber	Hopea
Trocken	Kuiva
Weich	Pehmeä
Weiss	Valkoinen
Wellig	Aaltoileva
Zöpfe	Punos

Haus
Talo

Besen	Luuta
Bibliothek	Kirjasto
Dach	Katto
Dachboden	Ullakko
Dusche	Suihku
Fenster	Ikkuna
Garage	Autotalli
Garten	Puutarha
Kamin	Takka
Küche	Keittiö
Lampe	Lamppu
Möbel	Huonekalu
Schlafzimmer	Makuuhuone
Schlüssel	Nøkler
Schornstein	Savupiippu
Spiegel	Peili
Tür	Ovi
Wand	Seinä
Zaun	Aita
Zimmer	Huone

Haustiere
Lemmikki

Eidechse	Lisko
Essen	Ruoka
Fisch	Kala
Hamster	Hamsteri
Hase	Kani
Hund	Koira
Katze	Kissa
Kätzchen	Kattunge
Kragen	Kaulus
Krallen	Kynnet
Kuh	Lehmä
Leine	Hihna
Maus	Hiiri
Papagei	Papukaija
Schildkröte	Kilpikonna
Schwanz	Pyrstö
Tierarzt	Eläinlääkäri
Wasser	Vesi
Welpe	Pentu
Ziege	Vuohi

Insekten
Hyönteiset

Ameise	Muurahainen
Biene	Mehiläinen
Blattlaus	Kirva
Floh	Kirppu
Gottesanbeterin	Sirkka
Heuschrecke	Heinäsirkka
Hornisse	Hornet
Kakerlake	Torakka
Larve	Toukka
Libelle	Sudenkorento
Marienkäfer	Leppäkerttu
Motte	Koi
Mücke	Hyttynen
Schmetterling	Perhonen
Termite	Termiitti
Wespe	Ampiainen
Wurm	Mato
Zikade	Cicada

Katzen
Kissat

Fell	Turkki
Garn	Lanka
Jäger	Metsästäjä
Komisch	Hauska
Kralle	Kynsiä
Maus	Hiiri
Neugierig	Utelias
Pfote	Tassu
Schlafen	Nukkua
Schnell	Nopeasti
Schüchtern	Ujo
Schwanz	Pyrstö
Unabhängig	Riippumaton
Verrückt	Hullu
Verspielt	Leikkisä
Wenig	Vähän
Wild	Villi

Kleidung
Vaatteensa

Armband	Armbånd
Bluse	Pusero
Gürtel	Vyö
Halskette	Kaulakoru
Handschuhe	Käsineet
Hemd	Paita
Hose	Housut
Hut	Hattu
Jacke	Takki
Jeans	Farkut
Kleid	Mekko
Mode	Muoti
Pullover	Villapaita
Rock	Hame
Sandalen	Sandaalit
Schal	Huivi
Schlafanzug	Pyjama
Schmuck	Korut
Schuh	Kenkä
Schürze	Esiliina

Klettern
Kiipeily

Atmosphäre	Ilmainen
Ausbildung	Koulutus
Experte	Asiantuntija
Gelände	Maa
Handschuhe	Käsineet
Helm	Kypärä
Höhe	Korkeus
Höhle	Luola
Karte	Kartta
Neugier	Uteliaisuus
Physisch	Fyysinen
Schmal	Kapea
Stabilität	Vakaus
Stärke	Vahvuus
Stiefel	Saappaat
Verletzung	Vamma
Wandern	Vaellus

Kräuterkunde
Herbalismi

Aromatisch	Aromaattinen
Basilikum	Basilika
Blume	Kukka
Dill	Tilli
Estragon	Rakuuna
Fenchel	Fenkoli
Garten	Puutarha
Geschmack	Maku
Grün	Vihreä
Knoblauch	Valkosipuli
Kulinarisch	Kulinaarinen
Lavendel	Laventeli
Majoran	Meirami
Petersilie	Persilja
Qualität	Laatu
Rosmarin	Rosmariini
Safran	Maustesahrami
Thymian	Timjami
Vorteilhaft	Hyödyllinen
Zutat	Ainesosa

Kunst
Taide

Ausdruck	Ilmaisu
Ehrlich	Rehellinen
Gegenstand	Aihe
Inspiriert	Inspirert
Keramik	Keraaminen
Komplex	Monimutkainen
Original	Alkuperäinen
Poesie	Runous
Porträtieren	Kuvata
Schaffen	Luoda
Skulptur	Veistos
Stimmung	Mieliala
Surrealismus	Surrealismi
Symbol	Symboli
Visuell	Visuaalinen
Zusammensetzung	Koostumus

Kunst Liefert
Taide-Tarvikkeet

Acryl	Akryyli
Bleistifte	Kynä
Bürsten	Harjat
Farben	Väri
Ideen	Ideoita
Kamera	Kamera
Kreativität	Luovuus
Leim	Liima
Öl	Öljy
Papier	Paperi
Radiergummi	Pyyhekumi
Staffelei	Maalausteline
Stuhl	Tuoli
Tabelle	Pöytä
Tinte	Muste
Ton	Savi
Wasser	Vesi

Küche
Keittiö

Essen	Ruoka
Essstäbchen	Syömäpuikot
Gabeln	Gafler
Gefrierschrank	Pakastin
Gewürze	Mausteet
Grill	Grilli
Kelle	Kauha
Krug	Kannu
Kühlschrank	Jääkaappi
Löffel	Lusikat
Messer	Veitset
Ofen	Uuni
Rezept	Resepti
Schürze	Esiliina
Schüssel	Kulho
Schwamm	Sieni
Serviette	Lautasliina
Tassen	Kupit
Wasserkocher	Kattila

Landschaften
Maisemat

Berg	Vuori
Eisberg	Jäävuori
Fluss	Joki
Geysir	Geysir
Gletscher	Jäätikkö
Golf	Kuilu
Halbinsel	Niemimaa
Höhle	Luola
Hügel	Mäki
Insel	Saari
Meer	Meri
Oase	Keidas
See	Järvi
Strand	Ranta
Sumpf	Suo
Tal	Laakso
Tundra	Tundra
Vulkan	Volcano
Wasserfall	Vesiputous
Wüste	Aavikko

Länder #2
Maat #2

Albanien	Albania
Äthiopien	Etiopia
Frankreich	Ranska
Griechenland	Kreikka
Haiti	Haiti
Irland	Irlanti
Jamaika	Jamaika
Japan	Japani
Kenia	Kenia
Laos	Laos
Liberia	Liberia
Mexiko	Meksiko
Nepal	Nepal
Nigeria	Nigeria
Pakistan	Pakistan
Russland	Venäjä
Sudan	Sudan
Syrien	Syyria
Uganda	Uganda
Ukraine	Ukraina

Literatur
Kirjallisuus

Analogie	Analogia
Analyse	Analyysi
Anekdote	Anekdootti
Autor	Tekijä
Beschreibung	Kuvaus
Biographie	Elämäkerta
Dialog	Dialog
Erzähler	Kertoja
Fiktion	Fiktiota
Gedicht	Runo
Metapher	Metafora
Poetisch	Runollinen
Reim	Loppusointu
Rhythmus	Rytmi
Roman	Romaani
Schlussfolgerung	Päätelmä
Stil	Tyyli
Thema	Teema
Tragödie	Tragedia
Vergleich	Vertailu

Mathematik
Matematiikka

Arithmetik	Aritmeettinen
Bruchteil	Jae
Dezimal	Desimaali
Dreieck	Kolmio
Durchmesser	Halkaisija
Exponent	Eksponentti
Geometrie	Geometria
Gleichung	Yhtälö
Parallel	Rinnakkainen
Parallelogramm	Suunnikas
Polygon	Monikulmio
Quadrat	Neliö
Radius	Säde
Rechteck	Suorakulmio
Summe	Summa
Symmetrie	Symmetria
Umfang	Kehä
Volumen	Tilavuus
Winkel	Kulmat
Zahlen	Numero

Meditation
Meditaatio

Annahme	Hyväksyminen
Atmung	Hengitys
Aufmerksamkeit	Huomio
Bewegung	Liike
Dankbarkeit	Kiitollisuus
Einblick	Oivallus
Freundlichkeit	Ystävällisyys
Frieden	Rauha
Gedanken	Ajatuksia
Geistig	Henkistä
Klarheit	Selkeys
Lernen	Oppia
Mitgefühl	Myötätunto
Musik	Musiikki
Natur	Luonto
Perspektive	Näkökulma
Ruhig	Rauhallinen
Stille	Hiljaisuus
Verstand	Mieli
Wach	Hereillä

Meisterschaft
Mestaruus

Ausdauer	Kestävyys
Champion	Mestari
Finalist	Finalisti
Liga	Liiga
Mannschaft	Tiimi
Medaille	Mitali
Meisterschaft	Mestaruus
Motivation	Motivaatio
Performance	Esitys
Richter	Tuomari
Schweiss	Hiki
Sieg	Voitto
Spiele	Pelit
Sport	Urheilu
Strategie	Strategia
Trainer	Valmentaja
Turnier	Turnaus

Menschlicher Körper
Ihmiskehon

Bein	Jalka
Blut	Veri
Ellbogen	Kyynärpää
Finger	Sormi
Gehirn	Aivot
Gesicht	Kasvot
Hals	Kaula
Hand	Käsi
Haut	Iho
Herz	Sydän
Kinn	Leuka
Knie	Polvi
Knöchel	Nilkka
Kopf	Pää
Magen	Vatsa
Mund	Suu
Nase	Nenä
Ohr	Korva
Schulter	Olkapää
Zunge	Kieli

Messungen
Mittaus

Breite	Leveys
Byte	Tavu
Dezimal	Desimaali
Gewicht	Paino
Grad	Aste
Gramm	Gramma
Höhe	Korkeus
Kilogramm	Kilogramma
Kilometer	Kilometri
Länge	Pituus
Liter	Litra
Masse	Massa
Meter	Mittari
Minute	Minuutti
Tiefe	Syvyys
Tonne	Tonni
Unze	Unssi
Volumen	Tilavuus
Zentimeter	Senttimetri
Zoll	Tuuma

Möbel
Huonekalut

Bank	Penkki
Bett	Sänky
Bücherregal	Kirjahylly
Couch	Sohva
Futon	Futon
Hängematte	Riippumatto
Kissen	Tyyny
Lampe	Lamppu
Matratze	Patja
Regal	Hyllyt
Schrank	Armoire
Schreibtisch	Työpöytä
Sessel	Nojatuoli
Spiegel	Peili
Stuhl	Tuoli
Teppich	Matto
Vorhang	Verhot

Musikinstrumente
Soittimet

Banjo	Banjo
Cello	Sello
Fagott	Fagotti
Flöte	Huilu
Geige	Viulu
Gitarre	Kitara
Gong	Gong
Harfe	Harppu
Klarinette	Klarinetti
Klavier	Piano
Mandoline	Mandoliini
Marimba	Marimba
Mundharmonika	Huuliharppu
Oboe	Oboe
Posaune	Pasuuna
Saxophon	Saksofoni
Tamburin	Tamburiini
Trommel	Rumpu
Trompete	Trumpetti

Mythologie
Mytologia

Archetyp	Arketype
Blitz	Salama
Donner	Ukkonen
Eifersucht	Kateus
Gottheiten	Jumalat
Held	Sankari
Heldin	Sankaritar
Himmel	Taivas
Katastrophe	Katastrofi
Kreation	Luominen
Kreatur	Olento
Krieger	Soturi
Kultur	Kulttuuri
Labyrinth	Labyrintti
Legende	Legenda
Magisch	Maaginen
Monster	Hirviö
Rache	Kosto
Stärke	Vahvuus
Sterblich	Kuolevainen

Natur
Luonto

Arktis	Arktinen
Berge	Vuoret
Bienen	Mehiläinen
Dynamisch	Dynaaminen
Erosion	Eroosio
Fluss	Joki
Friedlich	Rauhallinen
Gletscher	Jäätikkö
Heiligtum	Pyhäkkö
Laub	Lehtien
Lebenswichtig	Tärkeä
Nebel	Sumu
Schönheit	Kauneus
Schutz	Suoja
Tiere	Eläimet
Tropisch	Trooppinen
Wald	Metsä
Wild	Villi
Wolken	Pilvi
Wüste	Aavikko

Obst
Hedelmä

Ananas	Ananas
Apfel	Omena
Aprikose	Aprikoosi
Avocado	Avokado
Banane	Banaani
Beere	Marja
Birne	Päärynä
Brombeere	Blackberry
Grapefruit	Greippi
Himbeere	Vadelma
Kirsche	Kirsikka
Kiwi	Kiivi
Kokosnuss	Kokosnøtt
Melone	Meloni
Nektarine	Nektariini
Orange	Oranssi
Pfirsich	Persikka
Pflaume	Luumu
Traube	Rypäle
Zitrone	Sitruuna

Ozean
Valtameri

Aal	Ankerias
Auster	Osteri
Boot	Vene
Delfin	Delfiini
Fisch	Kala
Garnele	Katkaravut
Gezeiten	Tidevann
Hai	Hai
Koralle	Koralli
Krabbe	Rapu
Krake	Mustekala
Qualle	Manet
Riff	Riutta
Salz	Suola
Schildkröte	Kilpikonna
Schwamm	Sieni
Sturm	Myrsky
Thunfisch	Tunfisk
Wal	Valas
Wellen	Aalto

Ökologie
Ekologia

Art	Lajit
Berge	Vuoret
Dürre	Kuivuus
Fauna	Eläimistö
Flora	Kasvisto
Freiwillige	Frivillige
Gemeinschaft	Yhteisö
Klima	Ilmasto
Marine	Meri
Nachhaltig	Kestävä
Natur	Luonto
Natürlich	Luonnollinen
Pflanzen	Kasvit
Ressourcen	Resurssi
Sumpf	Suo
Überleben	Selviytyminen
Vegetation	Kasvillisuus

Pflanzen
Kasveja

Bambus	Bambu
Baum	Puu
Beere	Marja
Blume	Kukka
Blütenblatt	Terälehti
Bohne	Papu
Botanik	Kasvitiede
Busch	Puska
Dünger	Lannoite
Efeu	Muratti
Flora	Kasvisto
Garten	Puutarha
Gras	Ruoho
Kaktus	Kaktus
Kraut	Yrtti
Laub	Lehtien
Moos	Sammal
Vegetation	Kasvillisuus
Wald	Metsä
Wurzel	Juuri

Piraten
Merirosvot

Abenteuer	Seikkailu
Anker	Ankkuri
Crew	Miehistö
Flagge	Lippu
Gefahr	Vaara
Gold	Kulta
Höhle	Luola
Insel	Saari
Kapitän	Kapteeni
Karte	Kartta
Kompass	Kompassi
Legende	Legenda
Münzen	Kolikot
Narbe	Arpi
Papagei	Papukaija
Rum	Rommi
Schatz	Aarre
Schlecht	Huono
Schwert	Miekka
Strand	Ranta

Restaurant #1
Ravintola nro 1

Allergie	Allergia
Brot	Leipä
Dessert	Jälkiruoka
Essen	Ruoka
Fleisch	Liha
Huhn	Kana
Kaffee	Kahvi
Kellnerin	Tarjoilija
Küche	Keittiö
Menü	Valikko
Messer	Veitsi
Reservierung	Varaus
Schüssel	Kulho
Serviette	Lautasliina
Sosse	Kastike
Teller	Levy
Würzig	Mausteinen

Restaurant #2
Ravintola nro 2

Abendessen	Illallinen
Eis	Jään
Fisch	Kala
Frucht	Hedelmä
Gabel	Haarukka
Gemüse	Vihannes
Getränk	Juoma
Gewürze	Mausteet
Kellner	Tarjoilija
Köstlich	Herkullinen
Kuchen	Kakku
Löffel	Lusikka
Mittagessen	Lounas
Nudeln	Nuudelit
Salat	Salaatti
Salz	Suola
Stuhl	Tuoli
Suppe	Suppe
Vorspeise	Alkupala
Wasser	Vesi

Säugetiere
Merinisäkkäiden

Affe	Apina
Bär	Karhu
Elefant	Norsu
Fuchs	Kettu
Giraffe	Kirahvi
Gorilla	Gorilla
Hund	Koira
Kamel	Kameli
Känguru	Kenguru
Kojote	Kojootti
Löwe	Leijona
Panther	Pantteri
Pferd	Hevonen
Ratte	Rotta
Schaf	Lammas
Stier	Härkä
Tiger	Tiikeri
Wal	Valas
Wolf	Susi
Zebra	Seepra

Schach
Shakki

Champion	Mestari
Diagonal	Diagonaalinen
Gegner	Vastustaja
König	Kuningas
Königin	Kuningatar
Lernen	Oppia
Opfer	Uhrata
Passiv	Passiivinen
Regeln	Säännöt
Schwarz	Musta
Spiel	Peli
Spieler	Pelaaja
Strategie	Strategia
Turnier	Turnaus
Weiss	Valkoinen
Wettbewerb	Kilpailu
Zeit	Aika

Schlösser
Linnat

Drache	Lohikäärme
Dynastie	Dynastia
Edel	Jalo
Einhorn	Yksisarvinen
Festung	Linnoitus
Feudal	Føydal
Katapult	Katapultti
Königreich	Kongerike
Krone	Kruunu
Palast	Palatsi
Pferd	Hevonen
Prinz	Prinssi
Prinzessin	Prinsessa
Reich	Empire
Ritter	Ritari
Rüstung	Panssari
Schild	Kilpi
Schwert	Miekka
Turm	Torni
Wand	Seinä

Schokolade
Suklaa

Aroma	Aromi
Bitter	Katkera
Erdnüsse	Maapähkinät
Essen	Syödä
Exotisch	Eksotisk
Favorit	Suosikki
Geschmack	Maku
Handwerklich	Artisanal
Kakao	Kaakao
Kalorien	Kalori
Karamell	Karamelli
Kokosnuss	Kokosnøtt
Köstlich	Herkullinen
Pulver	Jauhe
Qualität	Laatu
Rezept	Resepti
Süss	Makea
Verlangen	Himo
Zucker	Sokeri
Zutat	Ainesosa

Schule #1
Koulu nro 1

Alphabet	Aakkoset
Antworten	Vastauksia
Bibliothek	Kirjasto
Bleistift	Lyijykynä
Bücher	Kirjat
Freunde	Ystävä
Klassenzimmer	Luokkahuone
Lehrer	Opettaja
Lernen	Oppia
Mathematik	Matematiikka
Mittagessen	Lounas
Ordner	Kansio
Papier	Paperi
Prüfungen	Kokeet
Quiz	Tietokilpailu
Schreibtisch	Työpöytä
Spass	Hauskaa
Stifte	Kynät
Stuhl	Tuoli
Zahlen	Numero

Schule #2
Koulu nro 2

Bibliothek	Kirjasto
Bildung	Koulutus
Bleistift	Lyijykynä
Bus	Bussi
Bücher	Kirjat
Computer	Tietokone
Grammatik	Kielioppi
Kalender	Kalenteri
Lehrer	Opettaja
Lernen	Oppiminen
Lesen	Lukeminen
Literatur	Kirjallisuus
Papier	Paperi
Radiergummi	Pyyhekumi
Rucksack	Reppu
Schere	Sakset
Spiele	Pelit
Stifte	Kynät
Wissenschaft	Tiede
Wörterbuch	Sanakirja

Science Fiction
Tieteiskirjallisuus

Bücher	Kirjat
Chemikalien	Kemikaalit
Dystopie	Dystopia
Explosion	Räjähdys
Extrem	Äärimmäinen
Fantastisch	Fantastinen
Feuer	Antaa Potkut
Futuristisch	Futuristinen
Galaxie	Galaksi
Geheimnisvoll	Salaperäinen
Illusion	Illuusio
Kino	Elokuva
Orakel	Oraakkeli
Planet	Planeetta
Realistisch	Realistinen
Roboter	Robotti
Szenario	Skenaario
Technologie	Teknologia
Utopie	Utopia
Welt	Maailma

Sommer
Kesä

Bücher	Kirjat
Camping	Camping
Entspannung	Rentoutuminen
Essen	Ruoka
Familie	Perhe
Freizeit	Vapaa
Freude	Ilo
Freunde	Ystävä
Garten	Puutarha
Meer	Meri
Musik	Musiikki
Reise	Matkustaa
Sandalen	Sandaalit
Spiele	Pelit
Sterne	Tähti
Strand	Ranta
Tauchen	Sukellus
Urlaub	Loma

Spielzeuge
Lelut

Auto	Auto
Ball	Pallo
Boot	Vene
Bücher	Kirjat
Drachen	Leija
Fahrrad	Polkupyörä
Favorit	Suosikki
Flugzeug	Lentokone
Kunsthandwerk	Veneet
Lkw	Kuka
Phantasie	Mielikuvitus
Puppe	Nukke
Puzzle	Palapeli
Roboter	Robotti
Schach	Shakki
Schlagzeug	Rummut
Spiele	Pelit
Ton	Savi
Zug	Kouluttaa

Sport
Urheilu

Athlet	Urheilija
Baseball	Baseball
Basketball	Koripallo
Bewegung	Liike
Eishockey	Jääkiekko
Fahrrad	Polkupyörä
Gewinner	Voittaja
Golf	Golf
Gymnasium	Kuntosali
Gymnastik	Voimistelu
Mannschaft	Tiimi
Meisterschaft	Mestaruus
Schiedsrichter	Tuomari
Spiel	Peli
Spieler	Pelaaja
Stadion	Stadion
Tennis	Tennis
Trainer	Valmentaja

Stadt
Kaupunki

Apotheke	Apteekki
Bank	Pankki
Bäckerei	Leipomo
Bibliothek	Kirjasto
Buchhandlung	Kirjakauppa
Flughafen	Lufthavn
Galerie	Galleria
Hotel	Hotelli
Kino	Elokuva
Klinik	Klinikka
Markt	Markkina
Museum	Museo
Restaurant	Ravintola
Salon	Salonki
Schule	Koulu
Stadion	Stadion
Supermarkt	Supermarket
Theater	Teatteri
Universität	Yliopisto
Zoo	Eläintarha

Strand
Rannalle

Blau	Sininen
Boot	Vene
Dock	Telakka
Handtuch	Pyyhe
Insel	Saari
Krabbe	Rapu
Küste	Rannikko
Lagune	Laguuni
Meer	Meri
Ozean	Valtameri
Regenschirm	Sateenvarjo
Riff	Riutta
Sand	Hiekka
Sandalen	Sandaalit
Segelboot	Purjevene
Sonne	Aurinko
Urlaub	Loma

Surfen
Surffausta

Anfänger	Aloittelija
Athlet	Urheilija
Beliebt	Suosittu
Champion	Mestari
Extrem	Äärimmäinen
Geschwindigkeit	Nopeus
Magen	Vatsa
Mengen	Joukkoja
Ozean	Valtameri
Riff	Riutta
Schaum	Vaahto
Spass	Hauskaa
Stärke	Vahvuus
Stil	Tyyli
Strand	Ranta
Welle	Aalto
Wetter	Sää

Tage und Monate
Päivät ja Kuukaudet

August	Elokuu
Dezember	Joulukuu
Dienstag	Tiistai
Donnerstag	Torstai
Februar	Helmikuu
Freitag	Perjantai
Jahr	Vuosi
Januar	Tammikuu
Juli	Heinäkuu
Juni	Kesäkuu
Kalender	Kalenteri
Mittwoch	Keskiviikko
Monat	Kuukausi
Montag	Maanantai
November	Marraskuu
Oktober	Lokakuu
Samstag	Lauantai
September	Syyskuu
Sonntag	Sunnuntai
Woche	Viikko

Tanzen
Tanssi

Akademie	Akatemia
Anmut	Armo
Ausdrucksvoll	Ilmeikäs
Bewegung	Liike
Choreographie	Koreografia
Emotion	Tunne
Freudig	Iloinen
Haltung	Ryhti
Klassisch	Klassinen
Körper	Keho
Kultur	Kulttuuri
Kunst	Taide
Musik	Musiikki
Partner	Kumppani
Probe	Harjoitukset
Rhythmus	Rytmi
Traditionell	Perinteinen
Visuell	Visuaalinen

Technologie
Teknologia

Bildschirm	Näyttö
Blog	Blogi
Browser	Selain
Bytes	Tavua
Computer	Tietokone
Cursor	Kursori
Datei	Tiedosto
Daten	Tiedot
Digital	Digitaalinen
Forschung	Tutkimus
Internet	Internet
Kamera	Kamera
Nachricht	Viesti
Schriftart	Fontti
Sicherheit	Turvallisuus
Software	Ohjelmisto
Statistik	Tilastot
Virtuell	Virtuaalinen
Virus	Virus

Tugenden #1
Hyveet osa 1

Bescheiden	Vaatimaton
Charmant	Viehättävä
Effizient	Tehokas
Entscheidend	Ratkaiseva
Geduldig	Potilas
Grosszügig	Antelias
Gut	Hyvä
Hilfreich	Hyödyllinen
Intelligent	Älykäs
Komisch	Hauska
Künstlerisch	Taiteellinen
Leidenschaftlich	Intohimoinen
Neugierig	Utelias
Praktisch	Praktisk
Sauber	Puhdas
Unabhängig	Riippumaton
Weise	Viisas
Zuverlässig	Luotettava

Urlaub #1
Loma #1

Abreise	Lähtö
Auto	Auto
Entspannung	Rentoutuminen
Expedition	Retkikunta
Fahrkarte	Lippu
Flugzeug	Lentokone
Koffer	Matkalaukku
Museum	Museo
Regenschirm	Sateenvarjo
Route	Matka
Rucksack	Reppu
See	Järvi
Strassenbahn	Raitiovaunu
Tourist	Turisti
Währung	Valuutta
Zoll	Tulli

Urlaub #2
Loma #2

Ausländer	Ulkomaalainen
Ausländisch	Ulkomainen
Camping	Camping
Flughafen	Lufthavn
Freizeit	Vapaa
Hotel	Hotelli
Insel	Saari
Karte	Kartta
Meer	Meri
Pass	Passi
Reise	Matka
Restaurant	Ravintola
Strand	Ranta
Taxi	Taksi
Transport	Kuljetus
Urlaub	Loma
Visum	Viisumi
Zelt	Teltta
Ziel	Kohde
Zug	Kouluttaa

Vögel
Linnut

Adler	Kotka
Ei	Muna
Ente	Ankka
Eule	Pöllö
Flamingo	Flamingo
Gans	Hanhi
Huhn	Kana
Krähe	Varis
Kuckuck	Käki
Möwe	Lokki
Papagei	Papukaija
Pelikan	Pelikaani
Pfau	Riikinkukko
Pinguin	Pingviini
Rabe	Korppi
Schwan	Joutsen
Spatz	Varpunen
Storch	Haikara
Taube	Kyyhkynen
Toucan	Toukaanin

Wandern
Patikointi

Berg	Vuori
Camping	Camping
Gefahren	Vaarat
Gipfel	Kokous
Karte	Kartta
Klima	Ilmasto
Klippe	Kallio
Müde	Väsynyt
Natur	Luonto
Orientierung	Suunta
Parks	Puistot
Schwer	Raskas
Sonne	Aurinko
Steine	Kivi
Stiefel	Saappaat
Tiere	Eläimet
Wasser	Vesi
Wetter	Sää
Wild	Villi

Wasser
Vesi

Bewässerung	Kastelu
Dampf	Höyry
Dusche	Suihku
Eis	Jään
Feucht	Kostea
Feuchtigkeit	Kosteus
Fluss	Joki
Flut	Tulva
Frost	Pakkanen
Geysir	Geysir
Hurrikan	Hurrikaani
Kanal	Kanava
Monsun	Monsuuni
Ozean	Valtameri
Regen	Sade
Schnee	Lumi
See	Järvi
Verdunstung	Haihtuminen
Wellen	Aalto

Wetter
Sää

Atmosphäre	Ilmainen
Blitz	Salama
Donner	Ukkonen
Dürre	Kuivuus
Eis	Jään
Himmel	Taivas
Hurrikan	Hurrikaani
Klima	Ilmasto
Monsun	Monsuuni
Nebel	Sumu
Polar	Polar
Regenbogen	Sateenkaari
Ruhig	Rauhallinen
Sturm	Myrsky
Temperatur	Lämpötila
Tornado	Tornado
Trocken	Kuiva
Tropisch	Trooppinen
Wind	Tuuli
Wolke	Pilvi

Wissenschaft
Tiede

Atom	Atomi
Chemisch	Kemiallinen
Daten	Tiedot
Evolution	Evoluutio
Experiment	Koe
Fossil	Fossiili
Hypothese	Hypoteesi
Klima	Ilmasto
Labor	Laboratorio
Methode	Menetelmä
Mineralien	Mineraali
Moleküle	Molekyyli
Natur	Luonto
Organismus	Organismi
Partikel	Hiukset
Pflanzen	Kasvit
Physik	Fysiikka
Schwerkraft	Painovoima
Tatsache	Tosiasia
Wissenschaftler	Tiedemies

Wissenschaftliche Disziplinen
Tieteelliset Alat

Anatomie	Anatomia
Archäologie	Arkeologia
Astronomie	Tähtitiede
Biochemie	Biokemia
Biologie	Biologia
Botanik	Kasvitiede
Chemie	Kemia
Geologie	Geologia
Immunologie	Immunologia
Kinesiologie	Kinesiologia
Linguistik	Kielitiede
Mechanik	Mekaniikka
Meteorologie	Meteorologia
Mineralogie	Mineralogia
Neurologie	Neurologia
Ökologie	Ekologia
Physiologie	Fysiologia
Psychologie	Psykologia
Soziologie	Sosiologia
Zoologie	Eläintiede

Zahlen
Numerot

Acht	Kahdeksan
Dezimal	Desimaali
Drei	Kolme
Dreizehn	Kolmetoista
Eins	Yksi
Fünf	Viisi
Fünfzehn	Viisitoista
Mathematik	Matematiikka
Neun	Yhdeksän
Null	Nolla
Sechs	Kuusi
Sechzehn	Kuusitoista
Sieben	Seitsemän
Vier	Neljä
Vierzehn	Neljätoista
Zehn	Kymmenen
Zwanzig	Kaksikymmentä
Zwei	Kaksi
Zwölf	Kaksitoista

Zeit
Aika

Früh	Aikainen
Gestern	Eilen
Heute	Tänään
Jahr	Vuosi
Jahrhundert	Vuosisata
Jahrzehnt	Vuosikymmen
Jetzt	Nyt
Kalender	Kalenteri
Minute	Minuutti
Mittag	Keskipäivä
Monat	Kuukausi
Morgen	Aamu
Nach	Jälkeen
Nacht	Yö
Stunde	Tunnin
Tag	Päivä
Uhr	Kello
Vor	Ennen
Woche	Viikko
Zukunft	Tulevaisuus

Zirkus
Sirkus

Affe	Apina
Akrobat	Akrobat
Ballons	Ballonger
Elefant	Norsu
Fahrkarte	Lippu
Jongleur	Jonglööri
Kostüm	Puku
Löwe	Leijona
Magie	Taika
Musik	Musiikki
Parade	Paraati
Tiere	Eläimet
Tiger	Tiikeri
Trick	Temppu
Unterhalten	Viihdyttää
Zauberer	Taikuri
Zelt	Teltta
Zuschauer	Katsoja

Zu Füllen
Täyttää

Eimer	Ämpäri
Fass	Tynnyri
Flasche	Pullo
Karton	Kartonki
Kiste	Laatikko
Koffer	Matkalaukku
Korb	Kori
Krug	Purkki
Mappe	Kansio
Paket	Paketti
Rohr	Putki
Schiff	Alus
Schublade	Laatikko
Tablett	Tarjotin
Tasche	Tasku
Umschlag	Kirjekuori
Vase	Maljakko

Gratuliere

Sie haben es geschafft !!

Wir hoffen, dass euch dieses Buch genauso viel Spaß gemacht hat wie uns dessen Herstellung. Wir tun unser Bestes, um qualitativ hochwertige Spiele zu erfinden. Diese Rätsel sind auf eine clevere Art und Weise entworfen, damit sie aktiv lernen und daran Vergnügen finden.

Hat ihnen das Buch gefallen ?

Eine einfache Bitte

Unsere Bücher existieren dank der Rezensionen, die sie veröffentlichen. Können sie uns helfen indem sie jetzt eine Meinung hinterlassen ?

Hier ist ein kurzer Link, der Sie zu ihrer Bewertungsseite führt

 BestBooksActivity.com/Rezension50

MONSTER HERAUSFÖRDERUNGEN !

Herausförderung 1

Bereit für ihr Bonusspiel? Wir verwenden sie ständig, aber sie sind nicht einfach zu finden. Es sind die Synonyme !

Notieren sie 5 Wörter, die sie in den untenstehenden Rätseln (Nummer 21, 36 und 76) entdeckt haben und versuchen sie für jedes Wort 2 Synonyme zu finden .

Notieren sie 5 Wörter aus **Rätsel 21**

Wörter	Synonym 1	Synonym 2

Notieren sie 5 Wörter aus **Rätsel 36**

Wörter	Synonym 1	Synonym 2

Notieren sie 5 Wörter aus **Rätsel 76**

Wörter	Synonym 1	Synonym 2

Herausförderung 2

Jetzt, wo sie warm sind, notieren sie 5 Wörter, die sie in jedem der untenaufgeführten Rätseln entdeckt haben (Nummer 9, 17 und 25) und versuchen sie für jedes Wort 2 Antonyme zu finden. Wie viele davon können sie binnen 20 Minuten finden ?

Notieren sie 5 Wörter aus **Rätsel 9**

Wörter	Antonym 1	Antonym 2

Notieren sie 5 Wörter aus **Rätsel 17**

Wörter	Antonym 1	Antonym 2

Notieren sie 5 Wörter aus **Rätsel 25**

Wörter	Antonym 1	Antonym 2

Herausförderung 3

Wunderbar, diese Monster Herausförderung 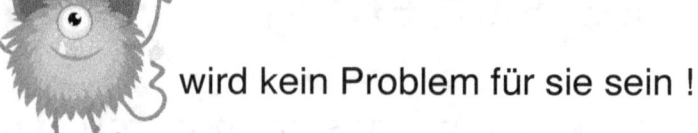 wird kein Problem für sie sein !

Bereit für die letzte Herausförderung? Wählen sie ihre 10 Lieblingswörter aus, die sie in einem Rätsel entdeckt haben und notieren sie sie unten.

1.	6.
2.	7.
3.	8.
4.	9.
5.	10.

Die Aufgabe besteht nun darin mit diesen Wörtern und in maximal sechs Sätzen einen Text herzustellen über eine Person, ein Tier oder ein Ort den sie lieben !

Tipp : sie können die letzten leeren Seiten dieses Buches als Entwurf verwenden

Ihr Schreiben :

NOTIZBUCH :

AUF BALDIGES WIEDERSEHEN !

Linguas Classics

KOSTENLOSE SPIELE GENIESSEN

GO

↓

BESTACTIVITYBOOKS.COM/FREEGAMES

www.ingramcontent.com/pod-product-compliance
Lightning Source LLC
Chambersburg PA
CBHW081708120626
46550CB00010B/3058